U0530681

中国非洲研究院文库·中国脱贫攻坚调研报告

主编 蔡昉

中社智库 2020 National Think Tank 国家智库报告

中国的脱贫之道

CHINA'S WAY OUT OF POVERTY

吴国宝 著

中国社会科学出版社

图书在版编目（CIP）数据

中国的脱贫之道 / 吴国宝著 .—北京：中国社会科学出版社，2020.5（2021.5 重印）

（国家智库报告）

ISBN 978 – 7 – 5203 – 7029 – 5

Ⅰ. ①中⋯　Ⅱ. ①吴⋯　Ⅲ. ①扶贫—研究报告—中国　Ⅳ. ①F126

中国版本图书馆 CIP 数据核字（2020）第 157368 号

出 版 人	赵剑英
项目统筹	王　茵
责任编辑	喻　苗
责任校对	韩天炜
责任印制	李寡寡

出　　版	中国社会科学出版社
社　　址	北京鼓楼西大街甲 158 号
邮　　编	100720
网　　址	http://www.csspw.cn
发 行 部	010 – 84083685
门 市 部	010 – 84029450
经　　销	新华书店及其他书店

印刷装订	北京君升印刷有限公司
版　　次	2020 年 5 月第 1 版
印　　次	2021 年 5 月第 2 次印刷

开　　本	787×1092　1/16
印　　张	11.25
插　　页	2
字　　数	115 千字
定　　价	68.00 元

凡购买中国社会科学出版社图书，如有质量问题请与本社营销中心联系调换
电话：010 – 84083683

版权所有　侵权必究

充分发挥智库作用
助力中非友好合作

——"中国非洲研究院文库"总序

当今世界正面临百年未有之大变局。世界多极化、经济全球化、社会信息化、文化多样化深入发展,和平、发展、合作、共赢成为人类社会共同的诉求,构建人类命运共同体成为各国人民共同的愿望。与此同时,大国博弈激烈,地区冲突不断,恐怖主义难除,发展失衡严重,气候变化凸显,单边主义和贸易保护主义抬头,人类面临许多共同挑战。中国是世界上最大的发展中国家,是人类和平与发展事业的建设者、贡献者和维护者。2017年10月中共十九大胜利召开,引领中国发展踏上新的伟大征程。在习近平新时代中国特色社会主义思想指引下,中国人民正在为实现"两个一百年"奋斗目标和中华民族伟大复兴的"中国梦"而奋发努力,同时继续努力为人类作出新的更大的贡献。非洲是发展中国家最集中的大陆，是维护世界和平、促进全球发展的重要力量之一。近年来，非洲在自主可持续发展、联合自强道路上取得了可喜进展，从西方眼中"没有希望的大陆"变成了"充满希望的大陆"，成为"奔跑的雄狮"。非洲各国正在积极探索适合自身国情的发展道路，非洲人民正在为实现《2063年议程》与和平繁荣的"非洲梦"而努力奋斗。

中国与非洲传统友谊源远流长，中非历来是命运共同体。中国高度重视发展中非关系，2013年3月习近平担任国家主席后首次出访就选择了非洲；2018年7月习近平连任国家主席后首次出访仍然选择了非洲；6年间，习近平主席先后4次踏上非洲大陆，访问坦桑尼亚、南非、塞内加尔等8国，向世界表明中国对中非传统友谊倍加珍惜，对非洲和中非关系高度重视。2018年中非合作论坛北京峰会成功召开。习近平主席在此次峰会上，揭示了中非团结合作的本质特征，指明了中非关系发展的前进方向，规划了中非共同发展的具体路径，极大完善并创新了中国对非政策的理论框架和思想体系，这成为习近平新时代中国特色社会主义外交思想的重要理论创新成果，为未来中非关系的发展提供了强大政治遵循和行动指南。这次峰会是中非关系发展史上又一次具有里程碑意义的盛会。

随着中非合作蓬勃发展，国际社会对中非关系的关注度不断提高，出于对中国在非洲影响力不断上升的担忧，西方国家不时泛起一些肆意抹黑、诋毁中非关系的奇谈怪论，诸如"新殖民主义论""资源争夺论""债务陷阱论"等，给中非关系发展带来一定程度的干扰。在此背景下，学术界加强对非洲和中非关系的研究，及时推出相关研究成果，提升国际话语权，展示中非务实合作的丰硕成果，客观积极地反映中非关系良好发展，向世界发出中国声音，显得日益紧迫和重要。

中国社会科学院以习近平新时代中国特色社会主义思想为指导，努力建设马克思主义理论阵地，发挥为党的国家决策服务的思想库作用，努力为构建中国特色哲学社会科学学科体系、学术体系、话语体系作出新的更大贡献，不断增强我国哲学社会科学的国际影响力。中国社会科学院西亚非洲研究所是当年根据毛泽东主席批示成立的区域性研究机构，长期致力于非洲问题和中非关系研究，基础研究和应用研究并重，出版和发表了大量学术专著和论文，在国内外的影响力不断扩大。以西亚非洲研究所为主体于2019年4月成立的中国非洲研究院，是习近平总书记在中非合作论坛北京峰会上宣布的加强中非人文交流行动的重要举措。

按照习近平总书记致中国非洲研究院成立贺信精神，中国非洲研究院的宗旨是：汇聚中非学术智库资源，深化中非文明互鉴，加强治国理政和发展经验交流，为中非和中非同其他各方的合作集思广益、建言献策，增进中非人民相互了解和友谊，为中非共同推进"一带一路"合作，共同建设面向未来的中非全面战略合作伙伴关系，共同构筑更加紧密的中非命运共同体提供智力支持和人才支撑。中国非洲研究院有四大功能：一是发挥交流平台作用，密切中非学术交往。办好"非洲讲坛""中国讲坛""大使讲坛"，创办"中非文明对话大会"，运行好"中非治国理政交流机制""中非可持续发展交流机制""中非共建'一带一路'交流机制"。二是发挥研究基地作用，聚焦共建"一带一路"。开展中非合作研究，对中非共同关注的重大问题和热点问题进行跟踪研究，定期发布研究课题及其成果。三是发挥人才高地作用，培养高端专业人才。开展学历学位教育，实施中非学者互访项目，培养青年专家、扶持青年学者和培养高端专业人才。四是发挥传播窗口作用，讲好中非友好故事。办好中国非洲研究院微信公众号，办好中英文中国非洲研究院网站，创办多语种《中国非洲学刊》。

为贯彻落实习近平总书记的贺信精神，更好地汇聚中非学术智库资源，团结非洲学者，引领中国非洲研究工作者提高学术水平和创新能力，推动相关非洲学科融合发展，推出精品力作，同时重视加强学术道德建设，中国非洲研究院面向全国非洲研究学界，坚持立足中国，放眼世界，特设"中国非洲研究院文库"。"中国非洲研究院文库"坚持精品导向，由相关部门领导与专家学者组成的编辑委员会遴选非洲研究及中非关系研究的相关成果，并统一组织出版，下设六大系列丛书："学术著作"系列重在推动学科发展和建议，反映非洲发展问题、发展道路及中非合作等某一学科领域的系统性专题研究或国别研究成果；"经典译丛"系列主要把非洲学者以及其他方学者有关非洲问题研究的经典学术著作翻译成中文出版，特别注重全面反映非洲本土学者的学术水平、学术观点和对自身发展问题的认识；"法律译丛"系列即翻译出版非洲国家的投资法、矿业法、建筑法、环保法、劳动法、税法、海关法、土地法、金融法、仲裁法等等重要法律法规，以及非洲大陆、区域和次区域组织法律文件；"智库报告"系列以中非关系为研究主线，以中非各领域合作、国别双边关系及中国与其他国际角色在非洲的互动关系为支撑，客观、准确、翔实地反映中非合作的现状，为新时代中非关系顺利发展提供对策建议；"研究论丛"系列基于国际格局新变化、中国特色社会主义进入新时代，集结中国专家学者研究非洲政治、经济、安全、社会发展等方面的重大问题和非洲国际关系的创新性学术论文，具有学科覆盖面、基础性、系统性和标志性研究成果的特点；"年鉴"系列是连续出版的资料性文献，设有"重要文献""热点聚焦""专题特稿""研究综述""新书选介""学刊简介""学术机构""学术动态""数据统计""年度大事"等栏目，系统汇集每年度非洲研究的新观点、新动态、新成果。

期待中国的非洲研究和非洲的中国研究在中国非洲研究院成立的新的历史起点上，凝聚国内研究力量，联合非洲各国专家学者，开拓进取，勇于创新，不断推进我国的非洲研究和非洲的中国研究以及中非关系研究，从而更好地服务于中非共建"一带一路"，助力新时代中非友好合作全面深入发展。

中国社会科学院副院长
中国非洲研究院院长
蔡　昉

摘要：减少和消除贫困，是人类发展的共同目标，也是一个世界性难题。改革开放以来，中国的扶贫开发，跨越了 40 多年的历程，其间克服了无数的困难，取得了举世公认的巨大成就，数亿农民摆脱了贫困，过上了小康生活。

中国的扶贫开发，是中国道路、中国经验和中国发展模式的重要组成部分，是人类社会扶贫的一个成功样板。

中国扶贫开发，现在仍处于攀登新高峰的关键阶段，中国政府在"十三五"规划中庄严承诺，将在 2020 年消除现行标准下的贫困人口，在 2016—2020 年 5 年中，年均减少贫困 1 千多万人。

本报告试图系统回顾中国扶贫开发的历程，总结过去数十年中国扶贫开发的做法和经验，考察中国精准扶贫的实践模式，讨论和分析中国减贫的成效及其对世界减贫事业的贡献。

关键词：脱贫攻坚成效；中国发展模式；发展扶贫；可持续发展目标

Abstract: Reducing and eliminating poverty, as a common goal of human development, has long been a tall order for the international community. Since the adoption of reform and opening-up policy in 1978, the past over forty years have witnessed great strides of China's poverty alleviation work amid many trials and tribulations. Hundreds of millions of rural residents have shaken off poverty and attained a moderately high standard of living.

China's way of poverty alleviation through development is not only a significant part of China's path and its national development pattern based on past experience, but also a successful model for further poverty relief of the entire human society.

Now China's development-oriented poverty alleviation is entering a decisive stage. It is determined that no one shall live in poverty under the current standard by 2020, which means from 2016 to 2020, an average of 10 million people would be lifted out of poverty annually, a pledge solemnly made in the 13th Five-Year Plan for Economic and Social Development of China.

This report will systematically review the course of China's development-oriented poverty alleviation, summarize its practices and experience, and examine the practice patterns of targeted poverty alleviation. Discussions and analyses of the effect of China's poverty reduction efforts as well as its contributions to worldwide attempts are also included.

Key Words: poverty alleviation effectiveness, China's development model, development-oriented poverty reduction, sustainable development goals

目 录

一 改革开放以来中国扶贫开发的历程………（1）
 （一）改革开放前和1978—1985年的中国农村
   减贫 ………………………………………（2）
 （二）1986—1993年中国农村扶贫开发 …………（11）
 （三）1994—2000年"八七扶贫攻坚计划"
   期间的农村扶贫开发 ……………………（17）
 （四）2001—2010年的农村扶贫开发 ……………（21）
 （五）2011年以来的农村扶贫开发 ………………（26）

二 中国扶贫的主要做法和经验 ……………………（32）
 （一）中国扶贫的主要做法 ……………………（32）
 （二）中国扶贫的经验 …………………………（77）

三 中国精准扶贫的实践 ……………………………（84）
 （一）中国精准扶贫理论分析框架 ……………（85）

（二）中国精准扶贫的实践 …………………………（93）

四 中国减贫成就及其对国家发展和世界减贫的贡献 ……………………………………………（122）
（一）中国的减贫成效 ………………………………（122）
（二）中国脱贫攻坚成效及对国家发展的贡献 …………………………………………………（130）
（三）中国对全球贫困人口减少和福祉提高的贡献 ………………………………………（154）

参考文献 ……………………………………………（161）

一　改革开放以来中国扶贫开发的历程

1949年新中国成立后，特别是自20世纪70年代末实行改革开放政策以来，中国政府在致力于经济和社会全面发展的进程中，从20世纪80年代中期开始，在全国范围内开展了有计划有组织的大规模开发式扶贫，先后实施了《国家八七扶贫攻坚计划（1994—2000年）》、《中国农村扶贫开发纲要（2001—2010年）》、《中国农村扶贫开发纲要（2011—2020年）》等中长期扶贫规划，有力地推进了中国农村扶贫开发的进程。

党的十八大以来，党中央把扶贫开发摆到治国理政的重要位置，提升到事关全面建成小康社会、实现第一个百年奋斗目标的新高度，纳入"五位一体"总体布局和"四个全面"战略布局进行决策部署，并提出精准扶贫、精准脱贫的基本方略，将中国扶贫开发推进到一个全新的阶段。

（一）改革开放前和 1978—1985 年的中国农村减贫

1. 改革开放前的中国农村减贫

由于受长期的战争破坏、土地相对集中造成很大部分农民没有或只有很少的土地以及技术落后等因素的影响，[①] 新中国成立之初，农村处于普遍性的贫困状况之中。为了尽快扭转这种情形，减缓贫困成为政府制度和政策安排的优先领域，先后采取了土地改革、合作化、人民公社化等一系列旨在缩小资源占有、收入占有差异的运动。虽然在改革开放前中国没有提出扶贫计划，但众多的制度安排和政策、规划都直接或间接地围绕着减缓和消除大面积存在的农村贫困现象和两极分化而展开。

自 1949 年至改革开放前，中国政府在减少农村贫困方面主要采取了以下重大措施。

（1）增加和改善农民对土地（自然资源）的占有和使用权

在 1949 年新中国成立以前，中国农村的土地占有

[①] 中国扶贫开发历程部分中，部分文字和数据引自吴国宝《中国农村扶贫》（张晓山、李周主编：《中国农村发展道路》，经济管理出版社 2014 年版，第 403—431 页）。

情况是相当不均的。据估计,在1934年,占农户总数4%的地主占有50%的可耕地,而占农村户数70%的贫雇农只拥有17%的可耕地。① 1949年后,中国在全国范围内开展了土地改革,无偿剥夺地主拥有的土地,分配给广大少地、无地的贫雇农。土地改革让全体农民获得了土地所有权,到1952年,中国农村原来不同阶级间土地分配不均的状况基本得到解决,② 基本消除了无地这一在其他发展中国家形成农村贫困主要因素的影响,为后来中国农村扶贫开发的成功奠定了一个有利的财产制度基础。从20世纪50年代中后期开始,农民对土地的占有转变为合作社所有,后来又演变成人民公社时期的三级所有。虽然在农村生产关系变革的过程中,农民对土地的控制、管理和收益权发生过多次变化,但在法律意义上,农民仍是其所在集体所有的土地的共同所有者。

(2) 改善农村基础设施

从20世纪50年代到70年代中期,中国政府通过其对资源的有效控制以及"三级所有、队为基础"的集体所有制在土地占用和劳动力使用方面的优势,在全国范围开展了大规模的农村基础设施建设,改善农

---

① 章有义编:《中国近代农业史资料》,生活·读书·新知三联书店1957年版。

② 国家统计局:《中国农民生活的巨大变化》,中国统计出版社1984年版。

村的水利设施和交通条件,在此期间,全国公路通车里程增加了9倍,灌溉面积增加了125%。

(3) 改善农民的基础教育和基本医疗服务条件

从1949年至1978年,中国的小学数量增加了1.6倍,中学数量增加了28倍,小学入学率从不到50%提高到96%;建立了以"赤脚医生"为主体的农村合作医疗保障体系,改善和建立了5万多个乡级医院、60多万个村级诊所,覆盖了全国农村总村数的68.8%,在经济十分落后的情况下,极大地普及了传染病、地方病、职业病、寄生虫病等各种病的预防、控制工作,较大地改善了农村缺医少药的状况,提高了农村人口的健康水平。[①]

(4) 建立以当时农村集体经济为基础的社会保障体系

建立以当时农村集体经济为基础的农村社会保障体系——五保户保障制度,为农村人口中丧失劳动能力的人口提供最基本的社会保障,并确立了由政府财政对遭受严重自然灾害或因其他特殊原因导致的生活极端困难的农民提供生活救济的制度。另外,生产队对半劳力或残疾人、弱劳力家庭有生产上的照顾,安

---

① 联合国妇女儿童基金会在1980—1981年年报中认为中国的"赤脚医生"制度在落后的农村地区提供了初级护理,为不发达国家提高医疗卫生水平提供了样本。世界银行和世界卫生组织把中国农村的合作医疗称为"发展中国家解决卫生经费的唯一典范"。

排一些相对轻松一点的劳动岗位，以保障其基本的生活需求。虽然当时社会保障的水平很低、保障面也很小，但对于减缓农村贫困和饥饿程度、稳定社会秩序，起了重要的作用。

（5）建立农业技术推广网络，推广农业技术

在这期间，中国在全国农村建立了直接延伸到村（当时的生产大队）的农业技术推广网络，在一定范围内推广了包括良种、化肥、农药、土壤改良和农机在内的新技术，促进了农业生产力水平的提高。1978年中国粮食单位面积产量比1949年提高了1.46倍。

此外，建立全国性农村信用合作社、供销合作社网络、实行计划生育等政策，也对改革前农村扶贫起了重要的作用。

由于上述重大政策和措施的实施，从1949年到1978年，中国粮食总产量增加了1.69倍，[1] 农村人口摄入的热量平均增加了20%，[2] 不得温饱的农村人口比重从80%降低到30%；[3] 婴儿死亡率下降了3/4，人

---

[1] 国家统计局，http://data.stats.gov.cn/easyquery.htm?cn=C01。
[2] 周彬彬：《中国人民公社时期的贫困问题》，《经济开发论坛》1993年第6期。
[3] 1992年中国政府确定以1984年价格农民人均纯收入200元作为贫困标准，这个标准同时也被视为温饱标准。

口预期寿命提高了近30岁,[①]农村居民的生存状况有了比较明显的改善。但是,如果按照现在的贫困标准(2010年价格农民人均纯收入2300元),1978年中国农村有贫困人口7.7亿,贫困发生率高达97.5%。[②]

专栏1 中国农村贫困标准及其变化

中国自1978年以来,中央政府共采用过三条不同生活水平的贫困标准。分别是"1984年标准""2008年标准"和"2010年标准"。

"1984年标准",是1986年国务院贫困地区经济开发领导小组提出的按1984年价格农民年人均纯收入200元的贫困标准。这是一条低水平的生存标准,是保证每人每天2100大卡热量的食物支出,食物支出比重约85%。基于测算时的农村实际情况,基本食物需求质量较差,比如主食中粗粮比重较高,副食中肉蛋比重很低,且标准中的食物支出比重过高,因而只能勉强果腹。

[①] 数据来自1973—1975年全国三年肿瘤死亡回顾调查,国家卫生和计划生育委员会编:《中国卫生和计划生育统计年鉴(2013)》,中国协和医科大学出版社2013年版。

[②] 国家统计局住户调查办公室:《中国农村贫困监测报告(2015)》,中国统计出版社2015年版。

"2008年标准",实际上是从2000年开始使用,当时称为低收入标准,在2008年国家正式将其作为扶贫标准使用,因而也称"2008标准"。按2000年价格每人每年865元,这是一条基本温饱标准,保证每人每天2100大卡热量的食物支出,是在"1984年标准"基础上,适当增加非食物部分,将食物支出比重降低到60%。可基本保证实现"有吃、有穿",基本满足温饱。

"2010年标准",即现行农村贫困标准,是2011年提出的按2010年不变价农民年人均纯收入2300元的标准,按2014年和2015年价格分别为2800元和2855元,这是结合"两不愁,三保障"测定的基本稳定温饱标准。根据对全国居民家庭的直接调查结果测算,在义务教育、基本医疗和住房安全有保障(即三保障)的情况下,现行贫困标准包括的食物支出,可按农村住户农产品出售和购买综合平均价,每天消费1斤米面、1斤蔬菜和1两肉或1个鸡蛋,获得每天2100大卡热量和60克左右的蛋白质,以满足基本维持稳定温饱的需要,同时,现行贫困标准中还包括较高的非食物支出,2014年实际食物支出比重为53.5%。此外,在实际测算过程中,对高寒地区采用1.1倍贫困线。

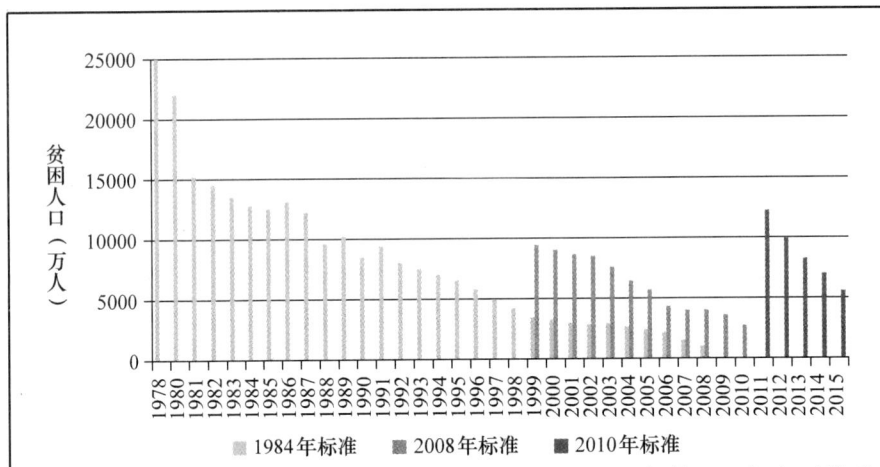

注：▨代表以1984年标准衡量的贫困人口，从1978年的2.5亿人下降到2007年的1479万人，▨代表以2008年标准衡量的贫困人口从2000年的9422万人下降到2010年的2688万人，■代表的是以2010年标准衡量的贫困人口，2015年尚有5575万人。

资料来源：鲜祖德、王萍萍、吴伟：《中国农村贫困标准与贫困监测》，《统计研究》2016年第9期。

2. 1978—1985年农村经济体制改革推动的农村减贫

在这个阶段，中国完成了以家庭联产承包责任制为中心的农村经营体制改革，使过去受体制束缚的农民获得了家庭承包地、劳动力和主要收益的支配权，从而大大调动了农民在承包地上投劳、投资和加强管理的积极性，1978年到1985年全国农用化肥施用量翻了一番，农业机械总动力增加了78%，粮食单位面积产量提高了40%，农业劳动生产率提高了40.3%。①

---

① 国家统计局：《中国农村统计年鉴（1999）》，中国统计出版社1999年版。

农业劳动生产率的提高，限制劳动力使用的制度约束取消以及国家对农村种养结构和市场控制放松，同时也使部分生产剩余和农业剩余劳动力转向发展乡镇企业，全国农村从事非农业经营的劳动力，在这期间增加了4150万，[①] 占到当时乡村劳动力的11%，成为农民收入的另一个增长点。

在这个阶段，中国政府还通过提高农产品价格、放宽统购以外农产品流通管制等措施，改善了农产品的交易条件。从1978年到1985年，中国农产品综合收购价格指数提高了66.8%。价格提高增加的收入占农民新增收入的15.5%。在上述因素的共同作用下，中国农民人均纯收入增加了132%。农民人均热量摄取量，从1978年的2300千卡/人·日，增加到1985年的2454千卡/人·日，按当时标准，[②] 有50%未解决温饱的农村人口在这期间解决了温饱问题。按现在的扶贫标准，有超过1亿农村人口在这期间摆脱了贫困，贫困发生率降低到78.3%。[③]

这一时期农村贫困减缓，主要是通过制度改革和农产品价格调整推动农业劳动生产率提高、非农就业

[①] 国家统计局人口和社会科技统计司、劳动和社会保障部财务司：《中国劳动统计年鉴（2003）》，中国统计出版社2003年版。
[②] 国家统计局：《中国农村住户调查年鉴（2000）》，中国统计出版社2000年版。
[③] 国家统计局住户办公室，2015年。

增加实现的。尽管不同区域和条件的农户都不同程度地从改革驱动的效率提高中受益，但因地理区位、资源禀赋和家庭条件的差异，农户之间的收入差距开始拉大，农民收入分配的基尼系数从1978年的0.21增大到1985年的0.28。在部分地区出现"万元户"的同时，还有相当数量的农民处于"食不果腹，衣不蔽体，住不避风寒"的境况。

作为对农村体制改革过程中出现的极端贫困区域分布变化的一个回应，中国政府1982年在甘肃省的定西、河西和宁夏自治区的西海固地区（简称"三西"地区）开始了以农业开发方式解决区域性极端贫困的"'三西'地区农业建设项目"，从而启动了中国通过对特定区域采取资源开发的方式扶贫的序幕，为后来全国大规模扶贫开发规划的实施，探索了不少有益的经验。[①] 1984年中共中央发布《关于帮助贫困地区尽快改变面貌的通知》（以下简称《通知》），明确改变贫困地区面貌的根本途径是依靠当地人民自己的力量，按照当地的特点，发展商品生产，增强本地区经济的内部活力；提出了集中力量解决连片贫困地区问题、各部门下达到县的建设经费由县政府统筹安排等设想。

---

① "三西地区"农业建设项目试验的开发式扶贫、建档立卡、帮扶到户、资金项目管理、吊庄移民等做法，在后来的全国扶贫开发中得到继承和发展。

这个《通知》实际上成为了 1986 年开始的全国大规模扶贫开发的发端和政策起点。

（二）1986—1993 年中国农村扶贫开发

从 1984 年开始，中国的体制改革中心从农村转入城市。在不断的试验和总结经验和教训的基础上，中国逐步探索并初步建立起来了中国特色的社会主义市场经济体制，确立了以改革、开放和发展为主线的国家整体战略，快速推进了国家的工业化和城镇化。在这个体制和发展双重转型的过程中，国家经济实现了长时间的高速发展，为中国的减贫创造了前所未有的良好机遇。与此同时，针对农村从全面的制度约束导致的贫困向区域性条件约束贫困和农户能力约束贫困转变的特点，中国政府从 1986 年开始启动了中国历史上规模最大的农村专项反贫困计划。此计划的目标是采取特殊的政策和措施，促进贫困人口和贫困地区自我发展能力的提高和推动区域经济发展来稳定减缓和消除贫困。

1. 主要政策和措施
1986—1993 年中国农村扶贫采取的主要措施包括：
第一，建立从中央到县一级的扶贫开发专门机构，即贫困地区经济开发领导小组（1994年"八七扶贫攻坚计划"时期改为"扶贫开发领导小组"）及其办公室，负责制定扶贫政策、确定扶贫对象、制订中期和年度扶贫计划、分配扶贫资金和项目、协调与相关部门的关系、对扶贫项目进行监督检查等工作。

第二，确定了开发式扶贫的基本方针，从救济式扶贫为主改为扶持贫困地区发展的开发式扶贫为主。

第三，确定了扶贫开发的主要对象，1986年中央划分了18个片区，确定了331个国家级贫困县，各省区另外确定了368个省级贫困县（见专栏2）。制定国家贫困标准，明确以1984年农民人均纯收入200元为贫困线。

专栏2　中国贫困县名称和内涵的变迁

在中国的扶贫开发中，县一直是作为重要的工作对象和具体实施单位。但是贫困县的名称和内涵发生过多次变化。1986年以前中国有经济困难县的提法，但并没有具体的划分标准。1986年国务院贫困地区经济开发领导小组成立后，根据县农民人均纯收入为基本依据，将农民年人均纯收入150元以下的县列为贫困县，同时对重点革命老区和少数民族地区县将标准放宽到200元，特别的放宽到250元，并允许各省根据条件在国家确定的贫困县外自行确定贫困县。于是就形成了国家级贫困县和省级贫困县。到1992年年底确定的国家级贫困县有331个，省定贫困县有368个。

1994年《国家八七扶贫攻坚计划》启动以后，中央政府决定东部的广东、福建、浙江、江苏、山东、辽宁6省原来的国家级贫困县由省负责，同时根据"4进7出"（即原来的国家级贫困县农民人均纯收入超过700元的退出，其他县农民人均纯收入低于400元的进来）的原则，重新确定了国家贫困县，当时，总计有592个。

2001年《中国农村扶贫开发纲要（2001—2010）》出台后，中央将国家级重点县改称为国家扶贫开发工作重点县（简称重点县），还调整了重点县名单，最后确定的重点县仍为592个。

2011年《中国农村扶贫开发纲要（2011—2020）》出台后，中央一方面再次调整了重点县名单，重点县数量维持592个不变；另一方面根据地理上的连片性、致贫原因和资源条件类似性的原则，在全国划定了11片连片特殊困难地区（简称片区），加上西藏全境、南疆三地州和云南、四川、青海和甘肃4省涉藏地区，总计14片，包括680个县（简称片区县），其中有 440 个县同时又是重点县。因此，2011 年后片区县和重点县又统称为贫困县。当时，全国共有 832 个贫困县。

第四，安排专项扶贫资金，增加对贫困地区的资金投入，在此期间中央政府主要安排了 3 项扶贫专项资金（专栏 3），分别是支援不发达地区发展资金（简称发展资金）、以工代赈资金和扶贫贴息专项贷款，八年间中央政府累计安排专项扶贫资金 416 亿元，其中财政无偿资金（包括发展资金和以工代赈资金）170 亿元，扶贫贴息贷款 246 亿元。

专栏 3　中央财政提供的扶贫资金

中央财政提供的扶贫资金是中国财政扶贫资金的主要来源，一直占到中西部财政扶贫资金的 70% 以上。1980 年到 2019 年中央财政扶贫资金累计达到 7920 亿元。

（1）支援经济不发达地区发展资金。中央财政，在 1980 年开始设立支援经济不发达地区发展资金（简称发展资金），最初的规模为每年 8 亿元，到 2018 年增大到 937.55 亿元，是中央最大额的财政扶贫资金。

（2）"三西"地区农业建设资金。1982年中央设立"三西"地区（指甘肃的定西、河西地区和宁夏的西海固地区）农业建设资金（简称"三西"资金），支持"三西"地区的农业建设和扶贫开发。最初的资金规模为每年2亿元，2009年开始增加为每年3亿元，2016年以后又增加到每年6亿元。

（3）以工代赈资金。1984年中央政府设立"以工代赈资金"，专门用于改善贫困地区的基础设施和生产条件同时增加贫困劳动力的就业机会，最初规模为每年9亿元，《国家八七扶贫攻坚计划》时期增加到每年40亿元，2013年后稳定在每年41亿元左右的规模。

（4）少数民族发展资金。1992年中央设立少数民族发展资金，是中央财政用于支持贫困少数民族地区推进兴边富民行动、扶持人口较少民族发展、改善少数民族生产生活条件的专项资金。第一年只安排了0.6亿元，1996年增加到每年3亿元，2009年以后资金规模有了较大幅度的增长，到2018年达到每年65.5亿元。

（5）国有贫困农场财政扶贫资金和国有贫困林场财政扶贫资金。1998年设立，2004年开始改为中央财政补助地方专款。这两项资金，是中央为了支持贫困农（林）场改善生产生活条件设立的专项资金。2015年中央拨付国有贫困林场扶贫资金4.2亿元，国有贫困农场扶贫资金2.6亿元。

（6）扶贫贷款贴息。1984年国有大银行开始发放扶贫贷款。1986年开始，中央财政对计划的扶贫贷款给予利息补贴。扶贫贴息贷款在1986年时为23亿元，2001—2003年曾达到一年185亿元，2008年后数年稳定在一年140亿元左右。2013年以后扶贫贴息贷款的规模大幅度提高并达到了超过一年1千亿的规模。中央财政对扶贫贷款的贴息根据贷款规模而变化，2001年以来每年财政对扶贫贷款的利息补贴在5亿—6亿元。2018年财政对扶贫贷款奖补和贴息支出达到131.63亿元。

此外，中央还从1992年开始，对专门发放给残疾贫困人口的"康复扶贫贷款"提供贷款贴息。1999年到2010年康复贷款规模一直为每年8亿元，2011年起增大到10.29亿元。

第五，出台了一系列其他的优惠措施，包括：核减粮食合同定购任务、酌量减免农业税、免征贫困地区新办开发性企业所得税、对贫困县实行财政定额、专项和困难补助、开展定点扶贫等。①

总体来看,在这期间实行的农村扶贫开发,采取的基本上属于区域扶贫开发的战略。但在具体的扶贫方式上,尚处于摸索前行的阶段。在这期间不少地方尝试过扶贫贷款给经济实体间接扶贫的方式,也尝试过直接贷款到农户的方式,但始终未能解决贷款到达农户的比重低和还款率低并存的问题;在扶贫的内容上也尝试过基础设施改善、农田水利建设等不同的方面。

2. 主要成效

经过八年的扶贫开发,农村绝对贫困人口数量有了较大规模的减少。按 1984 年贫困标准,中国农村未解决温饱的人口②从 1985 年的 1.25 亿人减少到 1993 年的 7500 万人,平均每年减少了 625 万人。

(三) 1994—2000 年"八七扶贫攻坚计划"期间的农村扶贫开发

经过前八年的扶贫开发,中国农村贫困人口的数

---

① 国务院贫困地区经济开发领导小组办公室:《中国贫困地区经济开发概要》,农业出版社 1989 年版。
② 中国政府用于测量 1978 年至 2008 年农村人口贫困的标准很低,在这个标准上,农户食品消费支出占其家庭消费支出的 85%,属于严格意义上的温饱标准。

量进一步减少，但同时扶贫减贫的难度也在不断加大。如果不采取特别的措施，就可能难以实现"七五"计划提出的解决温饱问题的目标。1994年，中国政府出台了旨在到2000年基本解决剩余农村贫困人口温饱问题的《国家八七扶贫攻坚计划》，力争用7年左右的时间（1994—2000年），基本解决当时全国农村8000万贫困人口的温饱问题。这是中国历史上第一个具有明确目标的扶贫计划。

1. 主要政策和措施

在"八七扶贫攻坚计划"实施期间，为了如期完成计划设定的目标，中国政府采取了一系列新的扶贫政策和措施。[①]

第一，重新调整了贫困县。针对前一阶段确定的部分贫困县经过八年扶持后贫困状况有明显减缓，同时又有部分未纳入国家扶持的县（市）农民依然比较贫困的现实，中国政府在1994年重新确定了选择贫困县的标准，并按新的标准在全国确定了592个贫困县。

第二，较大幅度地增加国家的扶贫投入。从1994年到2000年，中央政府通过发展资金、以工代赈资金和扶贫贴息贷款形式提供的扶贫资金累计1130亿元，

[①] 国务院扶贫开发领导小组办公室编：《中国农村扶贫开发概要》，中国财政经济出版社2003年版。

年均161.4亿元，比1986—1993年平均增加近110亿元，增长2.1倍，其中财政扶贫资金年均增加55.3亿元[①]，增长3.4倍。

第三，进一步加强科技扶贫的力度。通过制定《科技扶贫规划纲要》、选派科技干部和人员到贫困地区任职、安排"星火计划"科技扶贫贷款、实施科技扶贫示范项目（温饱工程）、支持农业产业化等措施，向贫困地区推广农业实用技术，提高贫困地区农民的农业技术水平和科技在贫困地区农业发展中的贡献率。

第四，动员社会力量进行社会扶贫。通过组织政府部门、科研院校和大中型企业与贫困地区的对口扶贫、东西合作扶贫以及鼓励非政府组织和国际机构参与扶贫等方式，动员社会力量和社会资源参与和支持扶贫事业，一方面增加扶贫资源的投入，推进扶贫方式的创新，另一方面也让更多的机构和人民了解和支持贫困地区和扶贫。据不完全统计，从1994年至2000年社会扶贫投入约300亿元。

第五，逐步调整扶贫对象，在扶贫中更加关注对贫困户的直接扶持。为了帮助贫困农户增收、尽快摆脱贫困，从1996年以后中国农村扶贫资金的投入逐步向贫困农户倾斜，扶贫贷款的一半左右直接投向农户。

---

① 从1994年开始以工代赈每年安排了40亿元，比1986—1993年年均多安排了27亿元。

在这一期间，中国政府除了出台上述专门的扶贫政策和措施以外，各政府有关部门还出台了其他让贫困地区和贫困农户受益的政策、措施。比如，实施的《贫困地区义务教育工程》、交通扶贫、文化扶贫，以及受益范围包括贫困地区的农村交通、电力、广播、电视等行业发展政策。它们都在不同程度上对这一阶段的农村扶贫开发起了重要的作用。从1998年开始实施的西部大开发战略、退耕还林政策，虽然不仅仅针对贫困地区和贫困农户，但由于其受益区域多数为贫困人口比较集中的区域，也在相当程度上对减缓农村贫困起到了重要的作用。

2. 主要成效

第一，贫困地区经济实现较快增长，与全国农民平均收入的差距有所缩小。全国592个国定贫困县农民人均纯收入从1993年的483.7元增加到2000年的1338元，增长了74%。贫困县农民人均纯收入相当于全国平均水平的比率从1993年的48.8%提高到2000年的59.4%。贫困县人均财政收入从1993年的70.15元增加到2000年的124.33元，增长了77.2%。地方财政收入的增长幅度高于农民收入和地区经济增长的幅度。

第二，贫困地区的基础设施条件得到了比较明显的改善。2000年全国贫困县通电村、通电话村、通邮村、通公路村、能饮用安全饮水村所占比重分别达到95.4%、72.2%、75.6%、91.9%和73.4%，都比1993年时有了比较明显的提高。

第三，贫困地区社会服务事业有了较大发展，贫困地区与全国平均水平之间在一些社会发展指标方面的差距有所缩小。1993年之后，贫困地区的教育、医疗和文化落后状况有了一定的改善。到2000年年底，贫困县内89%的行政村有了小学，26%的村开办了幼儿园，能接收电视节目的行政村达到95%，93%的行政村有医务室或乡村医生，较七年前都有了明显的改观。

第四，贫困人口的规模和贫困发生率缩小。从1993年到2000年，按当时的贫困标准，全国未解决温饱的农村人口减少到3209万人。

（四）2001—2010年的农村扶贫开发

在这一时期，中国经历了加入世贸组织、中国特色社会主义市场经济体制改革深化、对外开放的深度和广度不断加大的重大宏观经济环境变化。在区域政策上，出台并实施了西部大开发政策。在农村，[1] 中央

---

[1] 减免农业特产税、牧业税、农业税和屠宰税；提供粮食直补、综合直补、粮种补贴和农机具购置补贴。

出台了以"四减免、四补贴"为代表的一系列支农、惠农政策。在全国建立了农村最低生活保障制度、农村新型合作医疗、农村新型社会养老保险制度，实行了农村义务教育免交学费政策等。在扶贫开发方面，2001年中共中央、国务院出台了《中国农村扶贫开发纲要（2001—2010）》（以下简称《纲要1》），从而将中国农村扶贫开发推入到一个新的阶段。

1. 主要政策和措施

第一，调整扶贫开发的战略目标。《纲要1》确定的中国农村扶贫开发的战略目标是："尽快解决极少数贫困人口温饱问题；进一步改善贫困地区的基本生产生活条件，巩固温饱成果；提高贫困人口的生活质量和综合素质，加强贫困乡村的基础设施建设，改善生态环境，逐步改变贫困地区社会、经济、文化的落后状态，为达到小康水平创造条件。"

第二，调整贫困县和扶贫标准。2001年中央将国家级贫困县改称为国家扶贫开发重点县，还调整了重点县，将东部6省的33个县及西藏的贫困县指标收归中央，重新分配给中西部其他省区；西藏作为集中连片贫困地区给予整体扶持，东部6省则不再由国家统一进行减贫的工作部署。

中国政府在2008年将扶贫标准从年人均纯收入

895元提高到1196元，提高了1/3强。扶贫标准提高，使可享受扶贫政策优惠的扶贫对象增加了3000万人口。

第三，完善扶贫开发战略和方式。在此期间，中国政府仍将引导贫困地区农民在国家的帮助和扶持下，开发当地资源，发展生产力，提高贫困农户自我积累、自我发展能力，继续作为当时农村扶贫开发的战略方针。在总结1986年以来中国扶贫开发经验和教训的基础上，中国政府进一步完善了农村开发式扶贫的政策和战略，在《纲要1》中确定了后来被概括为"政府主导、社会参与、自力更生、开发扶贫、全面发展"的农村扶贫开发方针。较之1986—2000年间比较强调开发式扶贫的政策，这一方针更加全面和系统。最关键的是将社会参与和全面发展两个重要的理念纳入到新的扶贫开发战略中来，从战略高度确定了社会参与在中国农村扶贫开发中的地位和作用，突破了单一的增收导向的扶贫思路，将贫困地区水利、交通、电力、通讯等基础设施建设和科技、教育、卫生、文化等社会事业的发展，纳入开发式扶贫的范畴。

在延续"八七扶贫攻坚计划"时期主要扶贫开发政策和措施的基础上，2001年以后，中国农村扶贫开发确定了整村推进、贫困地区劳动力转移培训和产业化扶贫三个重点扶贫方式。这三个重点扶贫方式与之前业已开始的移民扶贫、科技扶贫和社会扶贫共同构成了这一阶段农村扶贫开发的基本干预框架。

第四，建立全国农村最低生活保障制度（简称低保），将低保标准以下的农村贫困人口纳入低保。2007年中国在全国范围内，建立了农村最低生活保障制度。到2010年年底，全国有5214万农村人口享受了低保，占全国农村户籍人口的5.4%。2010年全国农村低保受益人口平均840元[①]，相当于当年国家农村扶贫标准的66%。农村低保制度的建立，为农村因丧失劳动能力或遭受意外事件而陷入极端贫困的农民提供了最后的生活保障，同时也有力地促进了贫困人口的减少。

低保制度出台以后，中国政府积极开展农村最低生活保障制度和扶贫开发政策两项制度有效衔接的试点（即建档立卡工作）。2009年试点，2010年铺开。通过两项衔接试点，确定了近3000万贫困户和9000万贫困人口。

2. 主要成效

在这10年，由于政府在扶贫开发方面进行的持续努力以及经济持续增长和一系列惠农政策实施的影响，中国农村扶贫开发取得了比较明显的成效。突出表现

---

① 民政部：《2010年12月份全国县以上农村低保情况》，http://files2.mca.gov.cn/cws/201107/20110711152301813.htm。

在以下四个方面：

第一，农村贫困人口减少。[1] 从 2000 年到 2010 年按 2008 年贫困标准，全国农村贫困人口从 9422 万人减少到 2688 万人，绝大多数具有劳动能力和生存条件的贫困人口解决了温饱问题；按 2010 年标准（2010 年价格农民人均纯收入 2300 元）全国农村贫困人口减少了 29657 万人，[2] 年均减少 2965.7 万人，是 1978 年以来中国减贫速度最快的一个时期。

第二，重点扶贫工作县的农民收入实现了较快增长。2001—2010 年重点县农民人均纯收入增长了 1.57 倍（未扣除物价因素），比同期全国平均数高 6.5 个百分点。此间重点县农民家庭经营收入，比全国平均增长速度高得更多，这在一定程度上说明政府在推进贫困地区农民收入增长方面取得了比较明显的效果。

第三，重点县外出务工劳动力数量有了一定的增长。从 2001 年到 2010 年重点县外出务工劳动力比重增长了 9 个百分点，只比同期全国农村平均少增 1 个百分点。表明此间贫困地区基本上同步分享了中国工

---

[1] 数据来源：国家统计局农村社会经济调查总队：《中国农村贫困监测报告（2003）》，中国统计出版社 2003 年版；国家统计局农村社会经济调查司：《中国农村贫困监测报告（2007）》，中国统计出版社 2008 年版。

[2] 2006 年贫困人口系作者自己利用 2006 年住户调查 20 等份分组数据推算的。

业化城市化所增加的就业机会。

第四，重点县和重点村的基础设施和社会服务条件得到了比较明显的改善。与全国平均相比，2001—2010年重点县在公路、供电、教育、卫生等方面的改善程度都要快得多。2001—2010年重点县通公路、通电、通电话和通广播电视行政村所占比重分别提高了7.5、2.8、25.9和2.9个百分点，学龄儿童在校率提高了4个百分点。这些方面的指标基本接近了全国农村平均水平。这在一定程度上说明整村推进扶贫在改善受益重点村的基础设施和公共服务条件方面，产生了积极和显著的效果。

（五）2011年以来的农村扶贫开发

2011年中国政府发布《中国农村扶贫开发纲要（2011—2020）》（简称《纲要2》），提出了新的扶贫目标和扶贫战略，将中国农村扶贫推进到了一个新的阶段。在《纲要2》实施的同时，2014年1月25日中共中央办公厅、国务院办公厅公开印发《关于创新机制扎实推进农村扶贫开发工作的意见》，将中国农村扶贫推进到一个以"精准扶贫、精准脱贫"为中心的新的历史时期。因此，2011年以来的中国农村扶贫，包括2011—2013年和2014年以来两个相关的历史阶段。

在2011—2013年中国农村扶贫开发主要实施了《纲要2》制定的方针和政策,而这些方针政策在2014年以后也在继续实施。所以将《纲要2》包含的扶贫战略和政策单独介绍,然后再进行分阶段分析。

1.《中国农村扶贫开发纲要（2011—2020）》包含的扶贫战略和主要政策

（1）调整扶贫战略目标

《纲要2》提出2011—2020年中国农村扶贫的战略目标是：到2020年,稳定实现扶贫对象不愁吃、不愁穿,保障其义务教育、基本医疗和住房。贫困地区农民人均纯收入增长幅度高于全国平均水平,基本公共服务主要领域指标接近全国平均水平,扭转发展差距扩大趋势。《纲要2》确定的战略目标包含了中国扶贫的3个重大转变：一是从解决温饱问题向综合解决农民的生存和发展需求转变；二是从侧重满足农民的物质需求向同时满足农民的物质需求和社会服务基本需求转变；三是将扭转发展差距扩大直接纳入了扶贫的战略目标中。

（2）将连片特困地区作为扶贫开发的主战场

根据区域发展环境对微观减贫制约增大、少数民族贫困人口所占比重上升的形势,《纲要2》将六盘山区等14片连片特困地区,确定为这10年全国农村扶贫开发的主战场。

虽然《纲要2》同时提出了"片为重点、工作到村、扶贫到户的工作机制",但确定将连片特困地区作为扶贫开发的主战场的战略,表明中国的开发式扶贫再次回归到在1986年启动大规模开发式扶贫计划时所确定的区域开发扶贫的路上。这种战略调整,一方面表明中国政府进一步重视贫困人口所在区域发展的作用,另一方面也表明在扶贫开发中更加注重区域内跨县干预措施的规划和协调。

(3) 增加和调整贫困县,扩大扶贫政策受益范围

根据新的扶贫战略要求,国家确定了680个连片特困地区县(简称片区县),其中包括440个扶贫工作重点县。同时按照"高出低进、出一进一、自主调整、总量控制"的原则对原来的592个重点县进行了再一次大范围调整,调出38个,调进38个。680个片区县和152个片区外重点县总共832个贫困县成为了国家农村扶贫开发的重点对象。

(4) 适应扶贫开发战略目标调整需要,大幅度提高农村扶贫标准

2011年中国政府将按2010年价格表示的扶贫标准从原来的1274元提高到2300元,提高了80.5%。扶贫标准提高以后,低保标准与扶贫标准之间收入距离拉大了,为开发式扶贫留出了必要的工作空间;同时

也使得可以享受扶贫政策的农村贫困人口增加了1亿人。

(5) 明确实行专项扶贫、行业扶贫和社会扶贫相结合的政策，构筑综合扶贫的格局

《纲要2》首次明确提出将行业扶贫与专业扶贫、社会扶贫一起，列为中国农村扶贫的三个基本方式，从而构筑起新的综合扶贫的大格局。在三大扶贫中，专项扶贫亦即专项开发式扶贫，自1986年以来就作为中国扶贫的一项重要创新和基本战略，一直在实施；社会扶贫，在从八十年代定点扶贫开始，到"八七扶贫攻坚计划"时期尤其是1996年以后，也一直被作为政府主导的开发扶贫的一个重要补充在发挥积极作用；行业扶贫在《纲要2》中首次被作为与专项扶贫、社会扶贫并列的重要扶贫战略明确提出来，对于引导和促进行业部门的投资和项目向贫困地区倾斜，具有积极的意义。

2. 2011—2013年农村扶贫开发主要成效

《纲要2》出台以后，中央安排了各片区中央牵头部门，牵头部门会同相关中央部委和相关片区的地方政府，陆续制订了片区扶贫开发规划，并开始实施规划。按照《纲要2》确定的扶贫战略，除了中央增加了扶贫开发投入以外，中央部门的资金和项目也明显

向片区倾斜，有力地推动了全国农村的扶贫开发。2011—2013年，中国在减少贫困人口、增加扶贫工作重点县的收入和改善贫困地区的基础设施等方面，取得了新的进展。

（1）农村贫困人口减少速度加快，低保的减贫作用初步显现

《纲要2》有关政策的有效实施，加上中央加强支农惠农政策力度、低保和养老等社保标准提高以及经济增长等因素的综合作用，2011—2013年中国农村贫困人口继续减少。2010年至2013年现行标准农村贫困人口减少了8318万，每年减少农村贫困人口2727.7万。

（2）贫困县农民收入增长较快，与全国平均水平的相对差距有所缩小

在此期间贫困县农民收入增长较快，其农民人均收入与全国平均水平的相对差距有明显缩小，贫困县与全国农民人均收入的比例（以全国为100），从2011年的53.7%提高到2013年的71%。[①]

（3）贫困地区的基础设施和社会服务条件得到进

[①] 2011年以后扶贫工作重点县有所调整，但调整幅度不大，总体上具有可比性。另外，2013年开始国家统计局公布的全国城乡居民收支调查和统计指标和口径发生了变化，农民可支配收入取代了农民纯收入。不过虽然两个指标的绝对量存在一定的差异，但计算的比值结果仍具有可比性。

一步改善，与全国农村之间在发展条件方面的差距有所减小

2011年以来贫困地区的道路、供电、通讯和文化基础设施条件，得到了进一步的改善，与全国农村平均水平之间的差距继续缩小①。

3. 2014年以来的农村扶贫开发

2014年开始，中央政府及其各部门密集出台了一系列新的政策和措施，中国农村扶贫开发全方位转入精准扶贫、精准脱贫模式，实行从扶贫对象识别到项目安排、资金使用、帮扶措施、帮扶责任人和脱贫考核全过程精准扶贫。在某种意义上说，精准扶贫是扶贫领域甚至是贫困地区农村发展过程中的一次革命。它不仅改变和创新了扶贫方式，而且在治理结构、资源的整合、配置和使用、监督和考核等多个方面带来了革命性的变化。有关精准扶贫干预体系及其效果的详情将在后面专门予以介绍和分析。

---

① 有关贫困地区基础设施和公共服务的具体变化，将在本报告的第三部分详细介绍。

二 中国扶贫的主要做法和经验

（一）中国扶贫的主要做法

中国改革开放以来的扶贫开发，是在从计划经济体制转向社会主义市场经济体制、从传统农业社会转向工业和现代化社会的双重转型重叠期，在中国既有的政治、经济、社会和文化基础上，由党和政府规划、领导、协调和支持，贫困地区、贫困人口通过自身的努力提高自己参与和分享国家改革和发展收益能力、改善自身收入、福祉与能力的过程。中国扶贫的主要做法是：坚持发展减贫，坚持提升贫困地区和贫困人口自我发展能力，坚持精准扶贫，坚持扶贫创新，坚持"政府领导、群众主体、社会参与"的扶贫运行制度。

1. 坚持通过发展减贫

贫困和摆脱贫困，是中国改革和发展路径选择的起点和动力来源。改革和发展的路径选择，使整个国家的改革和发展历程天然地带有扶贫的性质；而中国改革和发展能够持续地对减贫产生积极作用，则与中国共产党的执政理念和理想追求有关，与中国在改革前建立起来的土地集体所有的制度有关，与中国特定的政治、经济制度和行政管理体制有关，与党和政府对扶贫的管控能力有关。

党和政府从"贫穷不是社会主义"理念出发，坚持"发展是硬道理"，把摆脱贫困作为中国社会主义改革和发展的题中应有之义，坚持主要通过发展解决中国的贫困问题。中国共产党和中国政府，自1978年以来，一直将通过改革和发展摆脱贫困、实现国家现代化和中华民族的崛起，作为治国理政的第一要务。

发展减贫的做法，与中国传统文化中存在的"扶贫先扶志""授人以鱼不如授人以渔"的思想也十分吻合，容易获得包括穷人在内的社会大众的理解和支持。

中国一直是以发展的名义、发展的方式，解决中国的贫困问题，将扶贫寓于发展之中，在发展中解决贫困问题。这是中国扶贫开发的一个主要做法，也是理解中国扶贫道路的基本方法论。

改革开放初期,中国整体上是一个贫困的国家。占国家总人口80%的农村人口中,只有区区2.5%不是贫困人口,有1/3的农村人口不得温饱。除了实现国家经济发展,任何其他的扶贫方式,都无法解决规模如此巨大的人群的贫困问题。从这个意义上说,在改革开放初期,中国实行发展减贫战略是历史的选择。更重要的是随着贫困规模的减小,中国仍然将发展减贫的理念和战略贯穿始终。

(1) 经济发展支持和促进贫困的减缓

中国通过建立社会主义市场经济制度,选择适合基于中国比较优势的经济发展方式,适时调控宏观经济,实现了中国国民经济的持续、高速增长,保证经济增长在较长时期内惠及贫困和低收入人群。

世界上贫困发生率高的发展中国家,多数也都采取通过经济发展促进减贫的战略,但是从实施时间长度、增长速度、增长平稳性和减贫强度来看,大都不及中国。究其原因,一方面与中国双重转型、人口和国土大国的条件有关,另一方面也与中国政府的执政理念、执政能力、执政效率有关。

①中国经济发展与减缓贫困

中国的经济发展过程与贫困人口的减少过程基本上同步。经济发展构成贫困人口减少的重要来源。从

1978年以来不同时期中国经济增长速度与贫困人口减少的规模来看，二者之间存在很强的相关关系（相关系数为0.68）。在经济增长速度低于7%的三个时期，年均减少贫困人口都明显少于其他时期（表1），只是在最近几年通过脱贫攻坚在一定程度上冲抵了经济增长下降对减贫的冲击。这一数量关系在一定意义上表明：在没有其他干预的情况下，人均国内生产总值低于一定的增长速度，会影响贫困人口减少的速率。从二者变化轨迹来看，显然经济增长只是影响贫困人口减少的一个重要因素。经济增长方式、增长收益的分配、国民收入分配格局以及减贫战略等，都会对贫困人口减少产生影响。

与世界上其他发展中国家相比，中国在从1978年以来的30多年时间内保持了更高更持续的增长速度。据可比资料统计，从1990年至2012年，中国国民收入保持了年均近13%的增长速度，同期中国以外的其他发展中国家国民收入年均增速为6.35%，中国比其他发展中国家平均高出1倍多（表2）。在此期间，中国每增加1万美元（2011年购买力平价）平均可减少4.8个贫困人口，而其他发展中国家平均只能减少1.5人，中国单位国民收入增长减贫人数相当于其他发展中国家的3倍多。中国凭借在长时间内以比其他发展中国家更高的经济增长速度和高得多的减贫效率，实

表1　中国经济增长与减缓贫困

	1978—1980	1980—1985	1985—1990	1990—1995	1995—2000	2000—2005	2005—2010	2010—2015	2015—2017	1978—2017
年均减少贫困人口（百万人）	2.5	20.9	0.5	20.8	18.5	35.1	24.2	22.0	12.7	19.1
人均GDP年增长率（%）	6.3	9.2	6.3	11	7.6	9.1	10.7	7.3	6.2	8.4
农业增加值年增长率（%）	2.3	8.2	4.2	4.1	3.4	3.8	4.3	4.1	3.6	4.4
非农就业年增长率（%）	5.8	7.2	6.6	4.7	2.1	2.7	3.2	2.9	2.1	4.2

数据来源：作者根据国家统计局相关数据计算，其中：贫困人口数据来自国家统计局住户办公室：《中国农村贫困监测报告（2018）》，中国统计出版社2019年版；其他数据来自 http://data.stats.gov.cn/easyquery.htm? cn=C01。

现了贫困人口的大幅度减少。

表2　　　　　　中国和其他发展中国家的增长和减贫

	世界	中国	发展中国家	中国以外的发展中国家
国民收入增长率（％）					
1990—1999	5.21	12.73	5.67	4.48
1999—2012	6.37	12.50	8.83	7.66
1990—2012	5.89	12.59	7.53	6.35
每增加1万美元国民收入减少贫困人口（人）					
1990—1999	1.5	11.5	3.2	-0.9
1999—2012	0.8	3.6	2.5	2.0
1990—2012	0.9	4.8	1.0	1.5

注：作者利用 World Bank Open Data 的人均国民收入（2011年购买力平价）、人口和贫困人口数（2011年购买力平价1人1天1.9美元标准）计算。其中贫困人口数据源自 PovcalNet: the on-line tool for poverty measurement developed by the Development Research Group of the World Bank, http://iresearch.worldbank.org/PovcalNet/index.htm? 1；发展中国家指世界上高收入国家以外的所有国家。

中国在经济发展过程中，较长时期存在着经济增长、收入不平等扩大和贫困减缓并存的局面。虽然伴随着发展而来的收入不平等扩大备受诟病，但不可否认发展在中国减贫中的重要作用。从1980年至2012年的32年间，中国农民人均纯收入年均增长了6.58%，底层20%低收入组农户人均纯收入也实现了年均4.49%的增长，底层80%收入组农户（这个收入组在1980年按现行标准全部属于贫困人口）年均增长6.31%[①]（表3）。另据国家统计局住户调查数据，从1980年到2011年中国农村居民收入分配的基尼系数，从0.241提高到0.39，扩大了62%。这一组数据说明中国在30多年时间内保持了全国农民收入平均以较快速度增长，虽然农民收入分配差距在扩大，但底层不同收入组农户的收入都有了相当程度的提升，这样的发展形式一方面导致了中国农村贫困人口的大幅度减少，另一方面也使得收入差距扩大没有引起农村社会的激烈动荡。当然，如果收入差距扩大的势头不能得到遏制，当平均收入增长速度降低到一定程度，底层低收入人群的收入有可能出现绝对水平降低，最后会影响到减贫的进程。

表3 中国不同收入组农户1980—2012年人均收入和消费增长（%）

农民收入和消费	底层10%农户	底层20%农户	底层40%农户	底层60%农户	底层80%农户	全国农民平均
1980—2009年农民人均纯收入年均增长	3.17	3.97	4.90	5.59	6.27	6.20
1985—2009年农民人均纯收入年均增长	2.21	3.05	4.09	4.80	5.60	5.39
1980—2012年农民人均纯收入年均增长		4.49	5.44	5.94	6.31	6.58

① 由于所用数据不是面板数据，按照这种方法计算的底层收入组农户收入增长，事实上会低估原来低收入农户的实际收入增长。

续表

农民收入和消费	底层10%农户	底层20%农户	底层40%农户	底层60%农户	底层80%农户	全国农民平均
1980—2009年农民人均消费支出年均增长	5.77	5.44	5.49	5.66	5.94	5.82
1985—2009年农民人均消费支出年均增长	4.87	4.57	4.66	4.84	5.21	5.01
1980—2012年农民人均消费支出年均增长		6.10	6.09	6.11	6.16	6.17

资料来源：作者根据国家统计局农民收入调查20等份分组数据（国家统计局农村社会经济调查司：《中国农村住户调查年鉴（2010）》，中国统计出版社2010年版）和全国农村生活消费价格指数（http：//data.stats.gov.cn/easyquery.htm？cn=C01）计算，其中2002—2012年的5等份数据来自国家统计局网站，http：//data.stats.gov.cn/easyquery.htm？cn=C01。

注：在利用20等份分组数据计算分组农户收入和消费时，如果出现农户比例加总与组间距不一致的情况时，假定交叉组内农民收入、消费水平相同，这会在一定程度上高估低收入组农户的收入和消费水平；由于国家统计局提供的农户分组资料是以农民人均纯收入为基础的，计算的不同组农民人均消费支出实际上是相关收入组农民的消费支出，不应理解为按人均消费支出分组的结果；与各收入组采用农民生活消费价格指数调整现价收入和消费支出不同，全国农民人均纯收入直接使用了国家统计局的人均纯收入指数计算增长速度。

②协调区域发展，促进减贫

中国政府将协调区域发展，作为增强国家经济持续发展动力和减缓区域性贫困的重要战略。从2000年以来，通过调整基础设施、环境建设、产业和社会发展投资的区域配置（表4），支持经济相对落后、贫困人口比较集中的西部地区的加速发展（图1），一方面改善了经济发展的区域协调性，控制和缩小了西部地区和东部地区之间的发展差距（图2）；另一方面国家用于西部大开发的不少政策和措施，对减缓贫困具有直接的效果。如国家增加在西部的基础设施建设投资为包括贫困农民在内的西部农村劳动力直接和间接提供了大量的就业机会,① 退耕还林等生态环境改善项目本身就具有明显的扶贫效果。据国家统计局对贫困县扶贫资金来源监测数据,2002—2014年贫困县农民得到退耕还林还草工程补助约700亿元,相当于同期中央财政全部财政扶贫资金的1/4,可能比中央财政同期财政扶贫资金中到户资金的总量还要大。

表4　　2003—2014年东、中、西部地区固定资产投资(不含农户)占比变化(%)

	东部地区占比	中部地区占比	西部地区占比
固定资产投资	-11.40	6.95	4.45
交通运输、仓储和邮政基础设施投资	-3.39	-4.17	7.56
电力、燃气及水的生产和供应业固定资产投资	-9.39	-3.80	13.19
水利、环境和公共设施管理业固定资产投资	-16.95	11.14	5.81

数据来源:作者根据国家统计局网站提供数据计算。国家统计局,http://data.stats.gov.cn/easyquery.htm? cn = E0103。

注:东部地区包括京、津、冀、沪、辽、苏、浙、闽、鲁、粤、琼11省市;中部地区包括黑、吉、晋、豫、皖、赣、鄂、湘8省;西部地区包括蒙、陕、甘、青、宁、新、桂、渝、川、藏、云、贵12省区。

2011年开始实行的连片特殊困难地区(简称片区)的扶贫开发战略,实际上也属于通过协调区域发展来加强经济发展和贫困减缓的一种特殊举措。

---

① 据国家统计局农民工监测调查,西部地区2009年在省内就业的比例为37%,到2015年提高到46.5%。

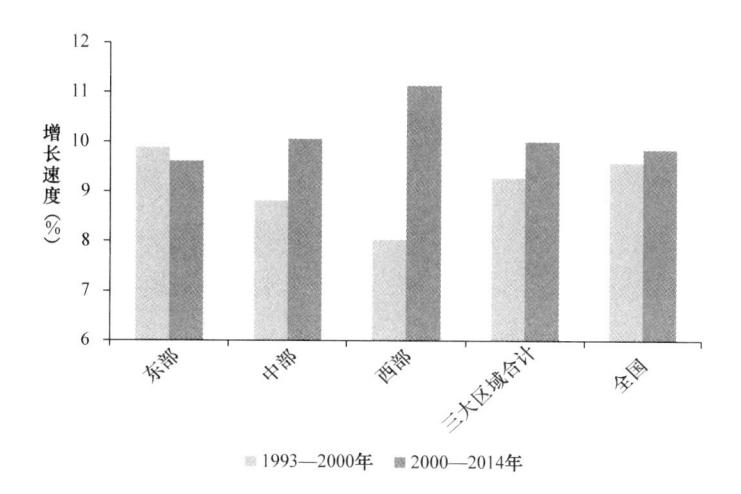

图 1　西部大开发战略实施前后三大区域地区生产总值年均增长速度差异

数据来源：作者根据国家统计局网站提供数据计算。国家统计局，http://data.stats.gov.cn/easyquery.htm? cn = E0103。

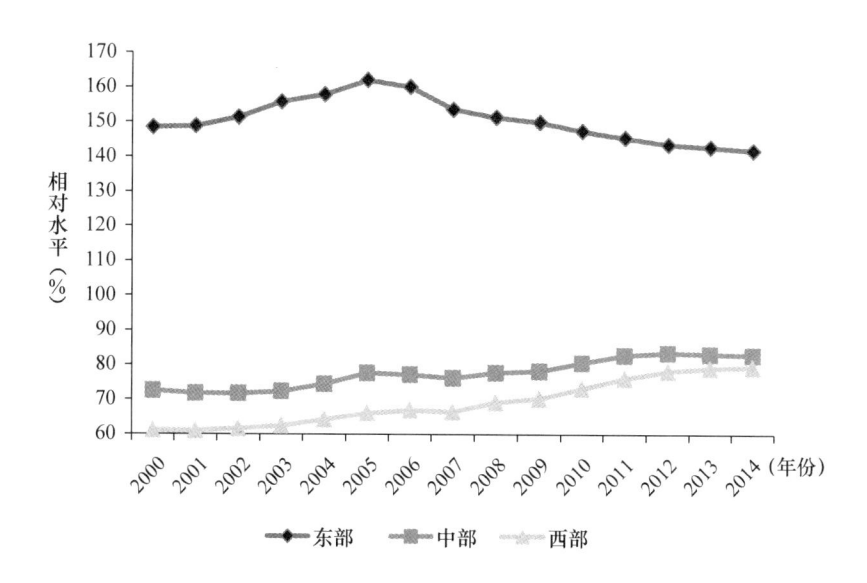

图 2　东、中、西部人均地区生产总值相当于全国平均水平的变化

数据来源：作者根据国家统计局网站提供数据计算。国家统计局，http://data.stats.gov.cn/easyquery.htm? cn = E0103。

③选择合适的经济体制改革模式，保障了贫困的持续减缓

中国在从计划经济向市场经济体制转型中，选择了不同于东欧和苏联国家的休克疗法的渐进式改革方式以及从农村改革开始然后转向城市的改革路径，避免了体制改革导致的经济发展和贫困状况出现大的震荡，而是保持了贫困的平稳和持续减缓。在苏联和东欧实行休克疗法的转型期国家中，多数国家都曾不同程度出现过贫困发生率上升的情况，[①] 其中的部分国家在遭受1998年的经济危机后甚至陷入了持续的贫困。与之相比，中国在体制转型过程中没有出现贫困状况大幅度的震荡，不仅农村贫困人口持续减少，城镇人口的贫困发生率也一直呈下降的走势。[②] 究其原因，中国选择了渐进式改革方式和农村包围城市的改革路径是关键所在。在经济体制改革中实现增量改革，使中国在体制转型期，一直保持着就业和居民收入的持续

[①] Dirk J. Bezemer: "Poverty in Transition Countries", Journal of Economics and Business, 2006 No. 1. 从世界银行提供的各国贫困状况时间系列数据，也可清楚地看出这些变化，请参见 PovcalNet: the on-line tool for poverty measurement developed by the Development Research Group of the World Bank, http: //iresearch. worldbank. org/PovcalNet/index. htm? 1。

[②] 中国没有制定城镇贫困标准，使用世界银行国际比较的贫困标准，中国城镇人口贫困发生率从1981年以来一直在下降，PovcalNet: the on-line tool for poverty measurement developed by the Development Research Group of the World Bank, http: //iresearch. worldbank. org/PovcalNet/index. htm?。

增长,这样不仅可以积蓄改革能量,也可以实现贫困的持续减缓,从而也为改革创造了有利的社会环境,形成了改革和减贫双向促进的良性循环。

④选择合适的改革和发展路径,最大化经济发展对减贫的作用

从1978年开始改革开放以来,中国政府根据改革的难易程度和对居民生活影响的差异,选择了首先放开劳动力市场、然后再开放资本和土地市场的要素改革路线图,在最大程度上利用了劳动力市场上的就业创造功能(图3),既促进了经济的增长,也通过持续增加就业机会对减少农村贫困人口发挥了十分重要的作用。1978年至2015年中国非农就业人数增加了42588万、增长了3.6倍,同期全国就业总人数中非农业就业人数占比从29%上升到70%。

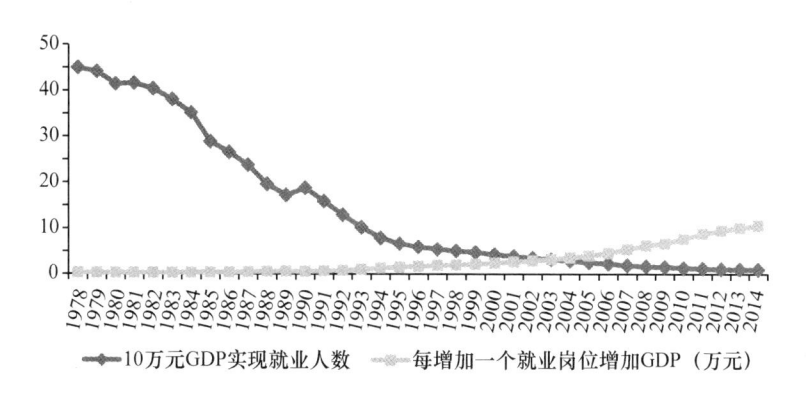

图3　中国经济增长与就业

数据来源:根据国家统计局数据计算。国家统计局,http://data.stats.gov.cn/easyquery.htm? cn = C01。

全国非农就业人数的增加主要来自于农业劳动力转移。1980年至2015年，农业转移劳动力（包括乡镇内非农就业人数和外出务工6个月以上劳动力），从2714万增加到27747万。① 农业转移劳动力占同期全国新增非农就业人数的67%。② 令人高兴的是贫困人口相对集中的贫困地区在农村劳动力非农化过程中没有被抛弃。据国家统计局贫困监测数据，贫困地区农村劳动力中外出劳动力比重略低于全国平均水平，但仅从1996—2009年外出劳动力占比变化来看，贫困地区农民工数量的增速与全国平均水平基本持平（见图4、图5）。上述非农就业变化的图景，展示了中国二元经济转换中就业结构所发生的变化，这个历史性的变化同时也改变了包括贫困地区在内的全国农村劳动力的就业版图，释放出了中国大规模农村贫困人口减少的基础能量。

在全国就业结构非农化过程中，中国职工平均工资率基本上按照劳动力市场供求关系的变化实现了适度增长。据国家统计局数据计算，2001年至2015年城镇职工平均工资年均实际增长11%，同期农民工工资

---

① 2015年数据来自国家统计局住户调查办公室《2015年农民工监测调查报告》。
② 根据国家统计局数据，1980—2015年全国非农就业人数增加41184万。

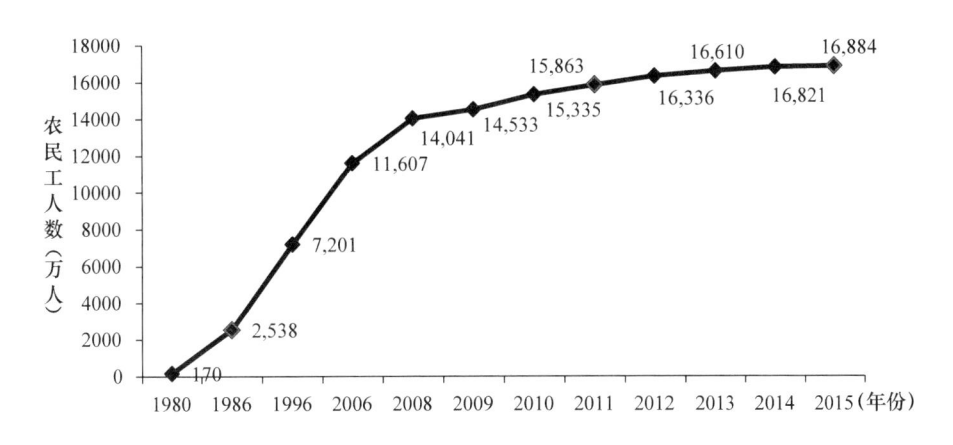

图 4　中国外出 6 个月以上农民工人数变化

数据来源：国家统计局历年农民工监测调查报告。

年均实际增长 8.7%。① 从某种意义上说，中国政府在较长时期内选择让市场决定工资率而没有出于政治考量人为地拉大工资率增长，事实上对非农就业人数增加起到了积极作用。②

除了私人部门就业增长以外，中国政府通过在较长时期内保持政府基础设施建设投资的较高增长速度，在稳定和加快国民经济增长的同时，也增加了大量就业机会。中国农民工在建筑业的就业一直占其就业总数的 20% 左右，大大高于建筑业就业人数在全国就业

---

①　全国城镇职工平均工资数据来自国家统计局网站；农民工工资数据来自国家统计局相关年份农民工监测调查报告。

②　有关中国是否需要更早实行最低工资制度在国内外学术界存在不少争议，但是从减缓贫困的角度来看，政府选择在较长时期内由市场决定工资的做法，客观上起到了推动贫困劳动力就业和减少贫困的积极作用。

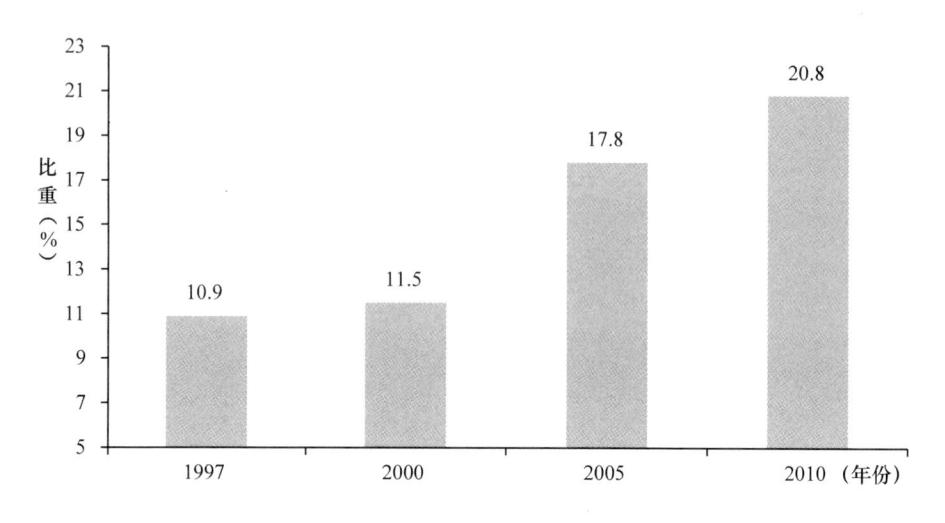

图 5　贫困地区外出农民工占劳动力比重变化

数据来源：国家统计局住户调查办公室：《中国农村贫困监测报告（2011）》，中国统计出版社 2012 年版。

总人数中的占比①。

非农就业人数增长和工资率的提高，提高了中国农村居民的收入，形成了农村贫困人口减少最重要的源泉。1985 年至 2012 年全国农民人均纯收入年均实际增长 5.6%，同期农民工资性收入年均实际增长 15%，比同期农民人均纯收入年均增速高出 9.4 个百分点；工资性收入占农民纯收入的比重，从 1985 年的 18% 提高到 2012 年的 43%。根据国家统计局的调查数据显示，从 2002 年到 2012 年底层 20% 低收入农户来自工

---

① 据国家统计局相关年份农民工监测调查报告，农民工在建筑业的就业人数 2008—2012 年占 17% 左右；2013—2015 年都在 21% 以上。从 2008 年至 2015 年全国城镇就业人数中建筑业人数占比平均为 12% 左右。

资性收入占其纯收入的比重,从26%提高到43%(图6),与全国平均水平持平。这说明低收入农户也同步从国家的工业化和城镇化过程中实现的就业增长中受益。

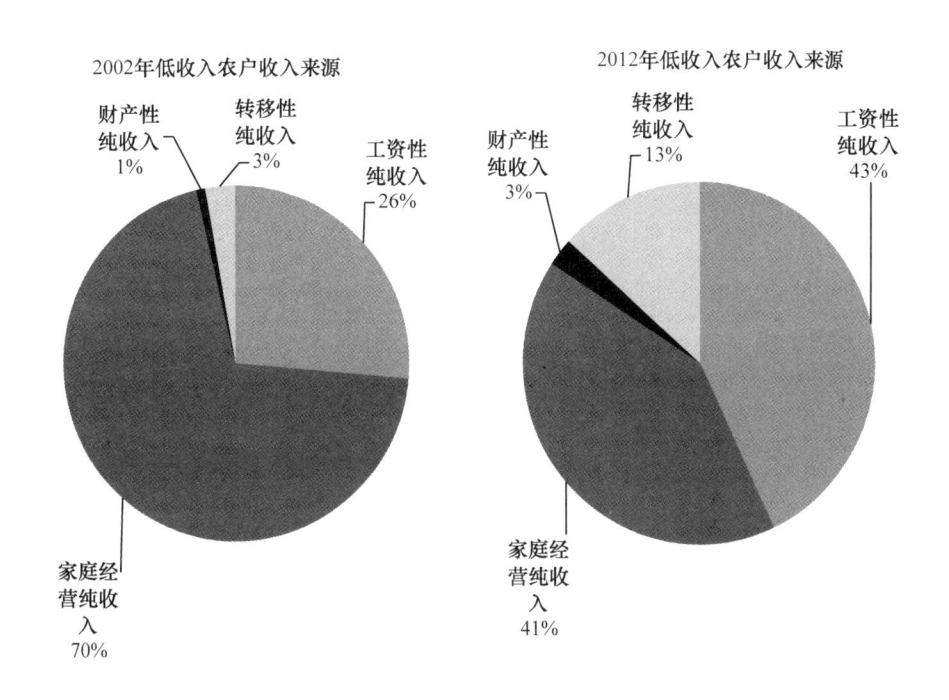

图6 2002年和2012年底层20%收入组农户收入来源

资料来源:国家统计局,http://data.stats.gov.cn/easyquery.htm?cn=C01。

⑤依托土地制度支撑农村减贫

中国在20世纪50年代初通过土地改革建立的农村土地制度,在改革开放以后中国的减贫中发挥了特殊的作用。首先,基本上所有农户都有地的状况,使绝大多数农村人口都能从农村经营制度改革中受益,使一半左右的农村人口在1978—1985年间解决了温饱，部分农民摆脱了贫困；其次，土地作为绝大多数农户可用的人口流动的缓冲器和减压阀，在中国农村人口向城镇流动过程中，帮助受影响农村人口承受短期就业不稳定、流动中人户分离等问题对家庭基本生活消费的过大冲击，也帮助减少和避免了农村贫困人口向大城市的集中，无论是对国家城镇化过程的平稳推进还是对减小城镇化进程中受影响农户的生活消费水平的波动，都起着重要的作用；最后，作为财产的土地，还能通过转租、入股、抵押、转让等形式，增加农村贫困人口的收入。

⑥通过支农惠农政策减缓贫困

从 2002 年开始，中国政府出台了一系列增加农民收入、减少农民支出的支农惠农政策，直接对减少农村贫困产生了重要的作用。据统计，仅 2009 年扶贫重点县农民人均从"多予少取"政策增收 174 元、减支 70 元[①]。

（2）社会事业发展减贫

教育、健康和社会安全等社会事业的发展，本身就是减缓贫困的重要内容，同时又通过提升人力资本和社会资本对减少收入贫困发挥积极作用。中国政府

---

① 吴国宝、关冰、谭清香：《"多予少取"政策对贫困地区农民增收和减贫的直接影响》，国家统计局农村社会经济调查司：《中国农村贫困监测报告（2010）》，中国统计出版社 2011 年版。

自新中国成立以来,对农村的教育、医疗、社会保障等社会事业一直都比较关注,并形成了有中国特色的农村社会事业发展方式。

1949年新中国成立以后到改革开放前,中国的经济发展处于相对落后的状况,但是依托当时人民公社化所建立的"三级所有,队为基础"的体制和国家当时的社会发展政策,农村的基础教育、基本医疗保障和养老等社会事业的发展取得了不错的成绩。1980年中国人口的平均受教育水平、期望寿命和婴儿死亡率等指标在国际上的排名都远远高于当时中国人均收入的排名。① 改革开放以后中国农村经济能够实现快速发展,除了农村经济体制改革所产生的重要作用以外,不得不承认改革前中国农村教育、医疗改善也起了一定的作用。

①实现普遍教育和定向教育支持政策,提高贫困地区人口素质

在1995年之前,中国政府主要实行普惠性的教育发展政策。1986年中国颁布了《中华人民共和国义务教育法》,随后10年中国义务教育获得了长足的发展。2000年,中国如期实现了"基本普及九年义务教育、

---

① 根据联合国国别可比数据排名,1980年中国人均排第156位,而人口期望寿命排第83位,人均受教育年限排第85位,http://hdr.undp.org/en/data。

基本扫除青壮年文盲"的目标。到 2005 年年底，中国初中阶段毛入学率达到 95%，全国小学学龄儿童入学率达到 99.2%（图 7）。许多国家从基本普及小学到普及初中要用 30 年甚至更长时间，中国仅用了 10 年多时间就实现了这一跨越。

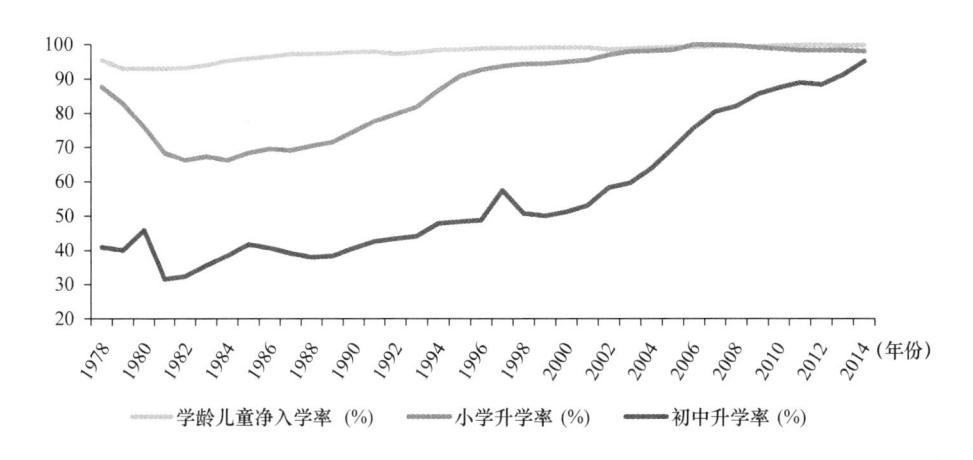

图 7　1978—2014 年中国基础教育发展

数据来源：国家统计局，http://data.stats.gov.cn/easyquery.htm? cn = C01。

为了帮助贫困地区同步完成义务教育发展目标，中国政府从 1995 年开始在中西部贫困地区连续实施了为期 10 年的两期"贫困地区义务教育工程"，显著改善了贫困地区义务教育办学条件，提高了贫困地区教师的教学水平，优化了贫困地区中小学布局。据国家统计局贫困监测数据显示，重点县 7—15 岁儿童入学率，从 1997 年的 92.6% 提高到 2010 年的 97.7%。到 2010 年中国重点县 7—15 岁儿童平均入学率已接近全国农村平均水平，而且男童与女童之间入学率没有显著差异（表5）。

表5　2002—2010年全国农村和贫困地区学龄儿童入学率（%）

年份	全国农村平均 7—15岁	全国农村平均 7—15岁 男童	全国农村平均 7—15岁 女童	重点县平均 7—15岁	重点县平均 7—15岁 男童	重点县平均 7—15岁 女童
2002	94.4	95.2	93.5	91.0	92.5	89.2
2003	95.8	96.2	95.3	92.2	93.3	91.0
2004	97.3	97.5	97.1	93.5	94.1	92.8
2005	97.2	97.3	97.1	94.6	95.1	94.1
2006	98.3	98.3	98.4	95.3	95.4	95.1
2007	97.4	97.8	96.9	96.4	96.4	96.3
2008	97.6	97.5	97.7	97.0	97.3	96.7
2009	97.9	97.8	97.9	97.4	97.6	97.2
2010	98.0	97.9	98.1	97.7	97.8	97.6

数据来源：国家统计局农村社会经济调查司：《中国农村贫困监测报告（2010）》，中国统计出版社2011年版。

2006年修订的《中华人民共和国义务教育法》，进一步明确了义务教育公平公正均衡发展的思想，强化了义务教育的公共保障机制。随后中国政府率先在贫困农村地区实行义务教育"两免一补"（免学杂费、免教科书费、寄宿生生活补助），并相继推出了包括贫困农村地区义务教育阶段学生营养改善计划等瞄准贫困地区的教育支持计划，进一步推动了教育扶贫的发展。

贫困地区教育的发展，改善了其劳动力的文化素质。贫困地区劳动力文盲、半文盲人数占比，从1997年的20%降低到2010年的10.3%，同期初中及以上劳动力比例提高了20个百分点（图8）。无疑贫困地区劳动力文化素质的提高，对于增强他们通过外出就业分享国家改革和发展的成果具有重要的作用。这也从另一个角度支持了前一部分分析到的非农就业减贫的作用机理。

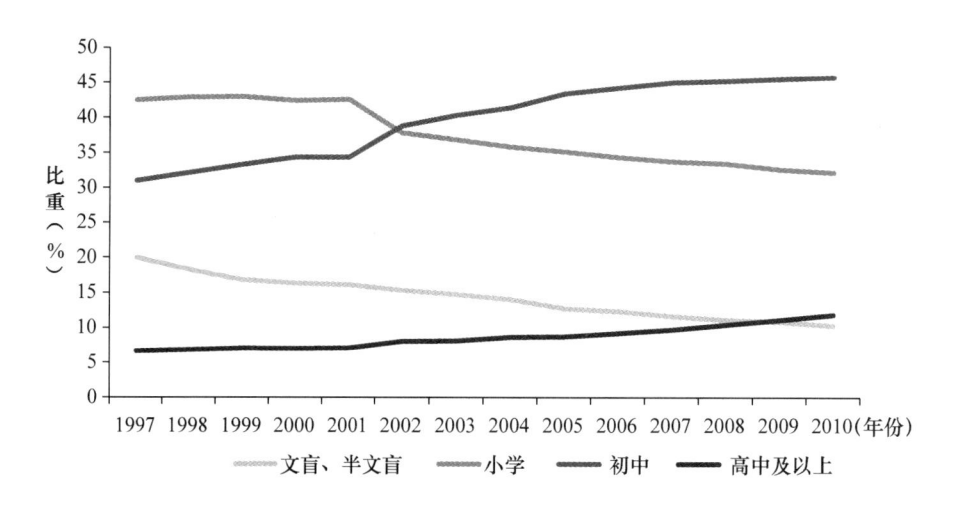

图8 1997—2010年中国贫困地区劳动力文化程度变化

数据来源：国家统计局农村社会经济调查司：《中国农村贫困监测报告（2010）》，中国统计出版社2011年版。

②发展农村医疗卫生和公共卫生，提高贫困人口的健康水平

发展农村医疗卫生事业，提高包括贫困人口在内的农村人口的健康水平，是中国发展社会事业减贫的

重要方面。在改革开放以后比较长的时期内，中国农村基层医疗服务，主要依靠此前建立的乡村医疗体系支撑。2002年《关于进一步加强农村卫生工作的决定》发布以后，中国政府加大了对农村医疗卫生的投资和政策支持。从2002年到2013年农村人均卫生费用比城镇多增长了72%，使城乡间人均卫生费用之比（农村为1）从3.8∶1降到2.5∶1，农村医疗服务的可及性和服务能力有所加强。到2012年全国农村93.3%的行政村设立了卫生室，万人卫生技术员数提高到34.1人，比1985年时有了比较明显的提高（图9）。

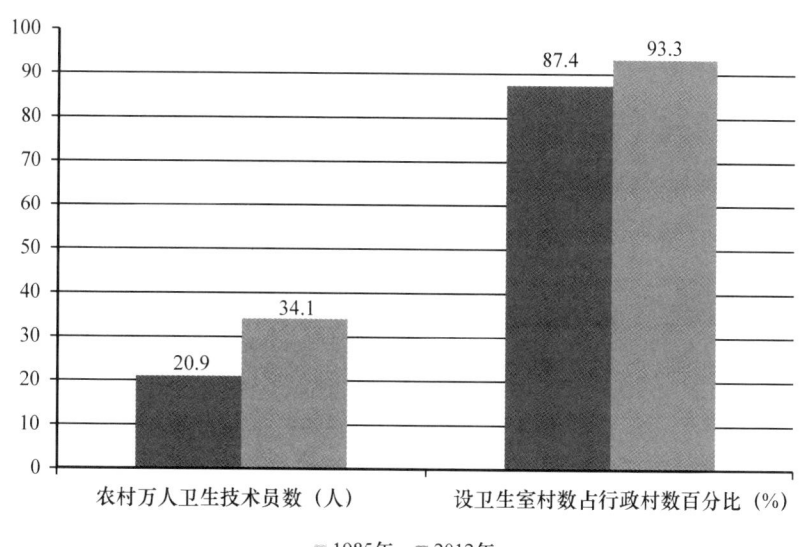

图9 中国农村医疗服务的发展

数据来源：农村万人卫生技术人员数来自国家卫生和计划生育委员会编《中国卫生和计划生育统计年鉴（2013）》，中国协和医科大学出版社2013年版；设卫生室村数占行政村数百分比来自于国家统计局，http://data.stats.gov.cn/easyquery.htm?cn=C01。

从 2003 年开始，新型农村合作医疗制度逐渐在中国农村建立起来。到 2012 年已实现了新型农村合作医疗全覆盖，人均合作医疗报销补偿受益 2.17 次（图 10），在降低农民医疗支出的同时，进一步改善了农民的医疗服务。

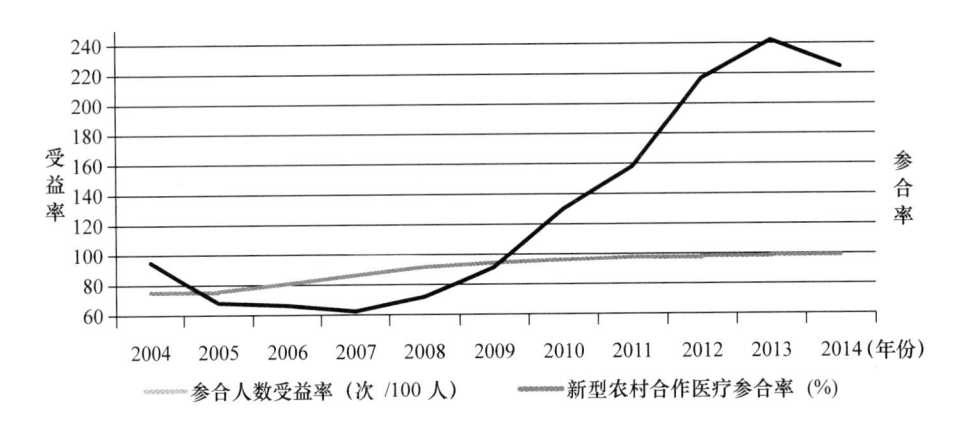

图 10　2004—2014 年中国农村合作医疗参合率和受益率

数据来源：国家统计局，http：//data.stats.gov.cn/easyquery.htm? cn = C01。

在发展普惠性农村医疗的同时，中国政府对贫困地区和贫困人口的医疗服务和医疗救助也实行了一些定向干预。除了通过开发式扶贫项目在贫困村改善村卫生室以外，还通过一些特殊的政策和规划，[①] 加大了对贫困地区医疗卫生发展的支持力度。

在公共卫生方面，中国政府通过加强传染病、地

---

① 如 2012 年卫生部发布了《"十二五"期间卫生扶贫工作指导意见》。

方病防治以及实施农村改水、改厕计划，提高了包括贫困地区在内的全国农村的公共卫生水平。

③发展农村社会保障事业，完善农村扶贫体系

除了前面提到的新型农村合作医疗制度，中国政府从2007年开始，先后建立了农村最低生活保障制度、新型农村养老保险制度、社会救助制度等，并完善了农村"五保户"制度，初步形成了农村社会保障网络。这些农村社会保障制度虽然多为普惠性制度，但是由于它们瞄准的多为贫困人口集中的低收入农户、老年人口和患病人群，客观上起着一定的扶贫的作用，成为了中国农村扶贫体系的重要组成部分。

（3）结合生态环境改善扶贫

中国的贫困地区多数是生态脆弱地区，部分地区的贫困甚至是由于对生态环境破坏造成的。中国在生态环境修复、改善中，将扶贫有机地结合进来。一方面，生态环境改善促进和支持了扶贫开发，如天然林资源保护工程、退耕还林工程、三北和长江中下游地区等重点防护林建设工程等改善生态环境的工程和项目，既改善贫困地区和相关贫困人口的生存和发展条件，改善生态环境的工程和项目也为贫困人口提供了一些就业机会、补贴以及新的创收机会。另一方面，通过将生态脆弱地区的贫困人口搬迁移民到其他地方，减轻了生态环境压力，为改善生态环境创造了更有利

的条件。

此外，中国在政治和文化发展过程中，也都在不同程度考虑了扶贫的因素。

2. 坚持提高贫困地区和贫困人口的自我发展能力

中国主要通过实行目标瞄准型开发扶贫，提高贫困地区和贫困人口的自我发展能力。中国是世界上少有的30年持续实行目标瞄准型开发扶贫方式的国家之一。1986年以来，中国在全国范围内实行瞄准扶贫对象的开发式扶贫战略。目标瞄准型开发式扶贫是中国扶贫开发大战略的重要组成部分，也是中国扶贫的重要特点。

中国在提高贫困地区和贫困人口自我发展能力上，主要的做法包括：通过优惠政策向贫困地区和贫困人口让利、改善贫困地区的基础设施和公共服务、提高贫困人口的自我发展能力3个方面。

（1）实行优惠政策，增加贫困地区竞争能力

中国政府通过提供优惠政策，使贫困县获得特殊的发展条件以减轻或部分抵消其自然条件和发展落后施加于地方发展的限制，在局部形成政策优势，在不同阶段，先后给予过贫困地区不同的优惠政策，如土地政策、进出口政策、减免农业税，出让部分中央政府和地方政府的收益给贫困地区和贫困户，或者改善其发展环境，提高其竞争和发展能力，或者直接增加

其福祉。

(2) 改善贫困地区基础设施和公共服务

改善基础设施和公共服务，既是扶贫的必要内容，也是实现贫困地区和贫困人口脱贫致富的重要条件。中国政府主要通过国家基础设施和公共服务发展规划和投资向贫困地区倾斜和在贫困地区实施专项扶贫开发计划，来改善贫困地区的基础设施和公共服务。

自"八七扶贫攻坚计划"以来，中国政府一直鼓励和实行国家基础设施和公共服务的投资向贫困地区倾斜的政策。通过将交通、水利、能源和环境基础设施投资向贫困人口集中的中西部地区倾斜，极大地改善了制约贫困地区发展的区域性基础设施状况。通过实施"贫困地区义务教育工程"、优先在贫困地区试行义务教育学杂费减免等措施，显著改善了贫困地区的公共服务。

改善贫困地区基础设施和公共服务，一直是中国专项扶贫开发工作的优先和重点领域。据国家统计局对贫困县扶贫资金投向的监测调查，在基础设施和公共服务设施方面的投入，一直占贫困县外来资金的50%以上。[①] 财政扶贫资金的80%左右也主要用于改善贫困地区的基础设施和公共服务。在专项扶贫开发

---

① 国家统计局2000年以来历年出版的《中国农村贫困监测报告》都提供了贫困县外来资金来源及用途。

中,"以工代赈"项目和"整村推进"项目主要起着改善贫困地区基础设施和公共服务的作用。

①实施"以工代赈"项目

"以工代赈"项目1984年启动,采取类似公共工程管理的方式,实现改善贫困地区基础设施、增加贫困地区劳动力就业收入的目标。1984年以来,"以工代赈"项目中央财政累计投入超过1144亿元,相当于1980年中央财政扶贫资金总投入的17%。"以工代赈"项目,采取预算内投资项目的管理方式,实行项目制管理,在30多年时间内,在贫困地区修建了大批道路、饮水、能源、学校等基础设施。

② 整村推进扶贫

整村推进扶贫是对过去以县为单位的分散、单一扶贫方式的一种扬弃。其最初目标是希望将扶贫目标从县下移到行政村或自然村一级,同时将扶贫资源在某一具体时段集中投放到少部分贫困人口集中的村,全方位消除这些村致贫的约束,实现贫困村全面彻底摆脱贫困[①]。2002年全国共确定了14.8万个贫困村,占全国行政村总数的20%。当时的贫困村分布在除北京、上海和天津之外的其他省、市、自治区。其中,一半贫困村分布在西部,中部和东部地区分别占40%

---

① 吴国宝:《中国农村现行扶贫开发方式有效性讨论》,《中国党政干部论坛》2008年第5期。

和 10%。贫困村的数量在省际间分布差别较大，山西、河南、湖北、四川、贵州、云南、陕西、甘肃等省，占全国贫困村总数的比重都超过 5%。不过省区间贫困村占各自行政村数量的比重也有很大的差别，云南的贫困村占本省行政村的比例高达 85%，山西、内蒙古、吉林、贵州、陕西、甘肃、青海、宁夏和新疆等省区贫困村占本省区行政村的比例都超过 30%。14.8 万个整村推进扶贫开发的贫困村，大概覆盖了 80% 的贫困人口。[①] 进入精准扶贫时期，各省又确定了 12.8 万个扶贫工作重点村，采取了比原来整村推进力度更大的综合减贫方式。

整村推进扶贫与以前的扶贫开发方式相比，具有三个显著的特点。第一，将行政村或自然村作为农村扶贫开发的基本单元，这样就基本上解决了自 1986 年实施扶贫开发以来一直存在的贫困县内扶贫资源外溢和非贫困县的贫困农户无法分享政府扶贫资源的问题。第二，改变过去扶贫中采取的单一干预的扶贫方式，根据贫困村的致贫因素实行综合整治，这样，一方面为加强部门间的协作、整合资源提供了一个平台，另一方面，可提高扶贫干预的有效性和效果的持续性。第三，改变扶贫项目选择由外部（干部）主导的自上

---

① 国务院扶贫开发领导小组办公室编：《中国农村扶贫开发概要》，中国财政经济出版社 2003 年版。

而下的决策方式，鼓励农民和社区参与制订本村的扶贫开发规划，这样可以提高扶贫开发的针对性和有效性，减少因缺乏信息武断决策的损失和浪费。

整村推进扶贫项目的实施，显著改善了贫困村的基础设施和公共服务。

（3）提高贫困人口的自我发展能力

中国政府主要通过改善贫困户获得金融服务机会、培训劳动力、产业扶贫和科技扶贫的方式，帮助贫困人口提高自我发展能力。移民扶贫在中国也作为提高贫困人口自我发展能力的一种方式应用。

①信贷扶贫

中国政府从1984年以来一直以财政贴息的方式通过承贷金融机构向贫困地区提供专项扶贫贷款（简称为扶贫贴息贷款），以改善贫困地区和贫困农户的信贷服务，到2015年专项扶贫贷款累计已发放超过3000亿元。扶贫贴息贷款政策实施以来，贷款计划规模，从最初的13亿元增加到最高时的185亿元（2001—2004年）然后较长时间基本稳定在140亿元左右，直到2013年以后再次实现了大规模的增长；承贷主体金融机构发生过多次调整，贷款对象和支持重点也几经变化。总体来看，扶贫贴息贷款，对支持贫困地区的经济发展、基础设施改善起了重要的作用，也在一定程度上增加了部分贫困户的贷款机会。但是在扶贫小额信贷大规模发放以前，贫困农户直接获得的扶贫贴息贷款一直都比较少。

除了扶贫贴息贷款以外，从2006年开始中国政府还开展了在贫困村建立互助资金的试点。将部分财政扶贫资金投入贫困村，组建贫困村资金互助社，改善贫困户的贷款机会，是该项试点的初衷。贫困村互助资金试点10年来，在一定程度上增加了试点村贫困农户的贷款机会。脱贫攻坚期间推出的扶贫小额信贷，极大地增加了贫困农户直接获得和使用信贷的机会，全国30%左右的贫困农户享受到了扶贫小额信贷。

②贫困地区劳动力转移培训

受地方发展条件和发展机会的约束，多数贫困地区都不同程度地存在劳动力就业不充分的问题。与全国其他地区一样，贫困地区从20世纪90年代中期以来出现了外出劳动力迅速增加的现象，劳务收入成为贫困地区农民增收的一条重要途径。但是贫困地区多数已外出劳动力以及准备外出的年轻劳动力，多缺乏就业的专业技能，只能主要从事薪水低且不稳定的工作，严重限制了劳动力转移对减缓贫困作用的持续发挥。因此，《纲要1》将积极稳妥地扩大贫困地区劳务输出作为减缓贫困、巩固温饱的一条重要途径，《纲要2》以及2014年以来的中央扶贫开发政策都十分重视劳动力转移就业及其培训的作用。

贫困地区劳动力转移培训扶贫，是中国政府为改善贫困地区在经济发展中的利益边缘化状况、增加贫困地区农民从经济增长中受益的途径而采取的一项战略举措。其初衷是通过培训提高贫困地区劳动力外出就业的技能和适应性，来增加贫困地区劳动力外出就业的报酬率和稳定性，从而使贫困地区劳动力转移成为稳定脱贫和增收的一条持续的有效的出路。中央政府为贫困地区劳动力转移培训制订了具体的计划，并安排了专门的培训经费。中国在全国贫困地区形成了包括国家、省、地、县四级800多个机构的培训网络。中央政府不仅将财政扶贫资金的10%用于对贫困地区劳动力转移培训的补贴。而且在资金安排上对中西部地区的农村劳动力转移培训工作给予了重点倾斜。对贫困地区劳动力转移培训，各地确立了不同的补助标准。贫困地区劳动力转移培训，迄今已帮助了约1千万人次贫困地区劳动力接受过不同形式的技能培训，其中绝大多数实现了在非农部门的就业。

③农业产业化扶贫

农业产业化扶贫，是通过支持贫困地区依托当地资源、服务或带动当地贫困和低收入农户增收的龙头企业的发展，通过"公司+农户"或订单农业的方式，来解决贫困地区小规模农业生产发展面临的技术、市场、信息和资金制约。农业产业化扶贫的内容主要包括：根据地方资源优势、市场需求和产业化发展方向，连片规划建设和发展有特色的区域性主导产业；建立贫困地区农产品生产基地，为贫困农户提供产前、产中、产后系列化服务，形成贸工农一体化、产供销一条龙的产业化经营；提供优惠政策，扶持龙头企业发展；探讨龙头企业与贫困农户的利益联结机制，实现农户和企业双赢等。

为了推进农业产业化扶贫的进程，2005年国务院扶贫办认定了第一批260个国家扶贫龙头企业，各省认定了673家省级扶贫龙头企业，对认定的企业在财政、信贷和培训等方面给予支持。截至2019年年底，832个贫困县共培育市级以上龙头企业1.44万家，发展农民合作社68.2万家。

④科技扶贫

科技扶贫是20世纪80年代中期以来一直采用的扶贫举措。它主要针对贫困地区生产技术落后、技术人才缺乏、农民实用技术缺乏的状况提出的。在"十五"期间，科技部会同中国科协、中国科学院等机构，制定了《"十五"科技扶贫规划纲要》，在大别山、井冈山和陕北三个革命老区以及河南、安徽、江西、湖南和陕西等地，实施了科技扶贫行动。主要措施包括：结合不同贫困地区的特点，建立科技扶贫示范乡、村；实施科技兴农特色产业促进行动，支持了贫困地区一批特色支柱产业的发展，如大别山区的茶叶、蔬菜，井冈山的笋竹、果茶，陕北的苹果等；建立信息服务站，实施科技信息扶贫行动；探索依靠科技巩固脱贫成果并引导致富的机制；开展科技培训和科技普及工作，向贫困地区传播科技知识和技术成果等。

在科技扶贫中，相关部门逐渐形成了一些比较有效的做法。一是强调通过科技扶贫实现扶持地区和农民的自我发展。二是注重引进先进、成熟、适用的技术。三是通过农业、科研、教育三结合等形式，一方面向贫困地区输入科技和管理人才、建立健全科技示范网络、组织开展各种类型的培训；另一方面建立全国农村科普网络，大力开展科普宣传，弘扬科学精神，提高农民素质。

⑤移民扶贫

在中国农村的贫困人群中，一直存在着部分由于所处小区缺乏基本的生存条件的贫困人口。把居住在不具基本生存条件的人口迁移到条件更好的地区脱贫致富，是中国开发式扶贫的重要内容和形式。从20世纪80年代初以来，移民扶贫一直是政府解决这部分生存条件恶劣、自然资源贫乏地区农民贫困的重要举措。随着容易脱贫人口的大幅度减少，这部分需要搬迁方能解决温饱的人口的贫困问题日显突出。从2001年开始，移民扶贫（又称易地扶贫或生态移民扶贫）的力度不断加大。中央政府提出了"政府引导,群众自愿,政策协调,讲求实效"的指导方针,并确定了扶贫与生态建设相结合,群众自愿,统筹安排和政策保障结合,先开发、后搬迁,因地制宜、讲求实效,量力而行、循序渐进的6项移民扶贫原则,将移民扶贫的目标确定为"移得出、稳得住、能致富"。不少地方探索出了适合各自区域特点的移民扶贫的有效方式。

3. 实行精准扶贫

中国政府自1986年开始开发式扶贫以来,在政策层面一直提倡要将有限的扶贫资源有效地用来帮助真正的贫困地区和贫困户改善生产生活条件、提高自我发展能力,实行精准扶贫。在30多年的扶贫开发实践中,中国政府和扶贫开发各参与主体,一直在不断探索改进精准扶贫有效性的方式和方法。但是,直到2013年年底以后,约束精准扶贫实施的一系列体制和机制约束得到根本性清除之后,真正意义上的精准扶贫才开始逐渐付诸实施。

(1) 适时调整扶贫工作重点

中国自1986年以来,一直通过调整扶贫开发的对象和重点,寻求提高扶贫效果的有效形式。1986年大规模有计划的扶贫开发启动时,针对当时贫困人口相对集中的情况,确定了以贫困县的经济开发作为扶贫工作的重点,试图通过改善贫困县的发展条件,推动贫困地区的经济发展和贫困人口的脱贫。在这期间虽然中央明确提出了贫困地区扶贫到户的要求,但贫困地区的企业和其他经济实体事实上成为了扶贫资金的支持对象。到1994年解决剩余贫困人群温饱问题成为了国家扶贫工作的重点,贫困户成为了这一时期的主要扶贫对象。从2001年开始,根据贫困人口分散到村一级的形势,中国政府启动了以整村推进为主的扶贫方式,将改善贫困村的生产生活条件作为扶贫工作的重点。2011年开始政府将连片特困地区作为扶贫的主战场,来改善区域性基础设施和发展环境。2014年开始实行精准扶贫、精准脱贫的战略,将扶贫的对象和重点瞄准了贫困户、贫困村和贫困县。从上述扶贫对象和重点变化的轨迹来看,中国政府始终在探索提高扶贫效果的方式。

(2) 调整扶贫资金效益到户的实现形式

尽管1986年以来中国扶贫开发的重点发生过多次调整,但是中国政府一直在不断探索扶贫资金效益到户的实现形式。1986年刚开始大规模扶贫时,帮助贫困户发展种养业就作为扶贫资金投放的重点。但是随后的实践发现单个贫困户缺乏经营管理技能,就将资金投放主体转为贫困地区的经济实体,希望通过经济实体作为中介,解决贫困户经营管理能力不足的问题。

后来在扶贫资金究竟是投向贫困户还是其他经济实体或中介来回摆动多次,并引出了扶贫资金到户还是效益到户的持续争论。这个内生于扶贫对象管理能力不足与扶贫经济实体利用扶贫资金产生收益的分配不利于贫困户之间矛盾的争论,恐怕今后还将继续下去。但是不管怎么说,在扶贫资金效益到户实现形式的不断探索过程中,本身都是为了找到精准扶贫的有效实现形式。

(3) 不断完善扶贫考核和监管制度

中国政府一直在努力不断地完善扶贫考核和监管制度,减少和尽量避免扶贫资金的损失和浪费。1986年以来,多次修订完善财政扶贫资金管理办法、扶贫资金分配办法和绩效考核办法,也在不断调整扶贫管理和工作机制。

4. 坚持扶贫创新

中国在过去30多年农村扶贫过程中,根据扶贫形势、贫困特点和国家发展战略,通过试验和创新不断完善和调整扶贫战略、治理结构和资金管理等,不断提高扶贫的有效性和用于扶贫资源利用的效率。

(1) 扶贫战略的创新

中国农村扶贫战略在过去30多年经历了几次重大

的调整①。

第一，从不含具体扶贫目标的经济增长引致减贫的战略向目标瞄准型开发扶贫战略转变。在1978—1985年期间，中国农村扶贫主要通过经济增长的"涓滴效应"实现，并没有确定任何特定的扶贫对象，也没有制定具体的瞄准性扶贫措施。1986年针对农村居民内部收入差距拉大以及各地区贫困人口分布集中度不同的状况，开始实行以区域瞄准为主的有计划的农村扶贫开发。

第二，从救济性扶贫向开发式扶贫转变，并从2007年开始转向社会保障扶贫与开发式扶贫相结合的战略转变。1986年之前中国政府对农村弱势群体的扶持主要是提供应急性的政策性救济。1986年以后中国农村扶贫是以开发式扶贫为主配以临时性的政策性救济。这一战略从2007年开始又被开发式扶贫与制度化的社会保障扶贫相结合的战略所取代，其重点是制度化的农村最低生活保障制度取代了过去临时性的政策性救济。

第三，从扶持贫困大区向扶持贫困县继而转向重点扶持贫困村的战略转变，并在2011年开始转向贫困大区域开发与扶贫进村到户相结合的战略。中国农村

---

① 本部分内容引用了吴国宝、汪同山、李小云《中国式扶贫：战略调整正当其时》，《人民论坛》2010年第1期。

扶贫最初将全国 18 个连片贫困区域作为扶持的重点，但很快片区扶贫的思想因难以操作和协调被放弃，转而将贫困县作为扶贫的基本单元。由于贫困县内存在差别容易导致扶贫资源外溢和项目安排不当，从 2002 年开始在保持贫困县作为扶贫管理单位的同时，将扶贫规划和项目安排的重点进一步下移到贫困村。但是过分强调微观层面的减贫，又不能从根本上解决制约农户贫困形成的区域和环境因素，从 2011 年开始转向贫困大区域开发与扶贫进村到户相结合。

第四，从单一项目扶贫向综合扶贫的战略转变。基于对贫困成因的认识以及受投入规模和管理部门协调等因素的限制，自 1986 年中国政府启动有计划的农村扶贫以来，在相当长的一段时期内，主要实行单一项目扶贫的方式。在这种方式下，虽然受益的区域范围比较大，但由于投入分散和干预内容单一，当贫困成因渐趋复杂时，其减贫效果不够显著。从 2002 年开始，中国农村扶贫逐渐摈弃单一项目扶贫的战略，更多地采取整合资源、整村推进的综合扶贫方式。

第五，从不精准扶贫向精准扶贫战略转变。根据贫困人口分布、脱贫形势的变化，中国政府从 2013 年年底开始调整原来的扶贫开发战略，实行真正意义上的精准扶贫。

（2）治理结构创新

中国在扶贫过程中不断探索扶贫治理结构的创新，以改善扶贫的效率和有效性。主要的创新包括：第一，扶贫计划和项目的决策权不断下移。1986年至1995年中国农村扶贫计划和资源分配的权力，主要集中于中央扶贫开发领导小组；从1996年开始中国政府实行扶贫"四到省"的政策，将农村扶贫的资源、任务、权力和责任全部下放到省，在一定程度上弱化了中央在扶贫决策中的权力；随后绝大多数省区都将扶贫的任务、资金、责任和项目决策权分解、下放到县，省级只保持了一定规模以上的投资和跨区域项目的决策权；这种治理结构一直保持至今，随着2002年以后整村推进规划扶贫方式的推广，扶贫规划、实施的权力事实上进一步下放到扶贫工作重点村，从而在较大程度上实现了扶贫决策从自上而下到自下而上的转变。第二，从完全的政府主导向政府主导、社会组织参与进而向政府主导、社会组织和受益群体参与的转变。与前一个转变相对应的是在政策扶贫决策权下放的同时，政府也逐步与其他社会组织分享扶贫决策方面的权利。在1996年以前扶贫项目基本上完全由政府主导，其他组织和穷人很少有发言权。1996年启动的社会扶贫，在一定程度上赋予了参与扶贫的社会组织合法合规的权利。这是中国农村扶贫领域发生的一个重大转变。

2002年以后整村推进规划扶贫的推进，增强了农村社区组织和穷人在扶贫中的主体地位，形成了政府、社会组织和受益群体参与相结合的治理结构。

精准扶贫实施以来，中国农村扶贫治理体系和方式再次发生了重大调整。在强化"中央统筹、省负总责、市县抓落实"的扶贫工作机制的同时，通过向所有贫困村下派扶贫第一书记和驻村工作队，加强和优化了全国扶贫治理体系和能力。

（3）资金管理方面的创新

由于资金扶持始终是农村扶贫的中心环节，中国在扶贫资金管理方面的试验和创新较多。财政扶贫资金管理方面的创新主要有：第一，地区间财政扶贫资金分配由模糊分配改为主要按要素法进行分配。第二，财政扶贫资金实行专户管理、报账制。第三，建立财政扶贫资金监测信息系统对资金进行监管。第四，建立财政扶贫资金绩效考评机制。第五，建立审计、财政、业务部门、社会舆论等各方面参与的多元化的监管机制。

信贷扶贫资金管理方面主要的创新有：第一，借款主体的创新，包括从直接贷款到户到扶持经济实体再到支持地方主导产业和龙头企业，进入脱贫攻坚时期，借款主体进一步扩大到包括农户、企业、合作社和地方政府组建的投资公司。第二，贷款方式创新，

1986年以来试验了政府信用下的经济实体贷款、依托社会信用的小额贷款、抵押和担保为基础的企业或政府贷款等。第三，贴息方式创新，试验了贴息给承贷银行、贴息给借款人等方式。第四，承贷机构选择，先后试验了商业银行承贷、政策银行承贷、地方政府选择等方式。

5. 坚持"政府领导、群众主体、社会参与"的扶贫运行体制

中国的扶贫开发，一直是在政府的领导和组织与社会的参与下以贫困地区和贫困人群为主体进行的。政府领导、群众主体、社会参与的扶贫运行体制，是中国扶贫开发的基本特点，也是中国扶贫取得成功的基本制度保障。

（1）政府领导

中国的扶贫开发是由政府领导和组织开展的。政府在中国扶贫开发中的领导作用主要表现在以下方面：第一，将扶贫置于国家改革和发展之中进行设计和调控，在前面的分析中，已经可以清楚地看出中国政府在改革和发展的规划和调控安排中，一直将减贫寓于改革和发展整个过程中，通过改革和发展为减贫创造了有利的环境和条件；第二，通过建立扶贫领导和协调组织体系，将扶贫整合到国家的经济社会发展计划

之中，使扶贫成为政府工作的重要内容，保证了扶贫所需要的组织支持；第三，利用其行政体系和资源，动员和安排扶贫资源，保证了必要的扶贫投入；第四，政府根据扶贫的需要，调整相关的政策或者制定必要的法规和制度，为扶贫工作的有序开展提供了制度保障。

中国政府通过安排专项财政扶贫资金和实行其他专项资金和一般转移支付向贫困地区的倾斜分配，来实现其提高贫困地区和贫困人口自我发展能力的作用。据来自国务院扶贫办的统计资料，从 1980 年至 2019 年中央财政投入的专项扶贫资金累计达到 6646 亿元。

与财政专项扶贫资金相比，中央政府投入贫困地区的综合扶贫资金要多得多。据财政部统计，2012 年中央财政投入的综合扶贫资金达到 2996 亿元，是当年财政专项扶贫资金的 9 倍（图 11）。

（2）以贫困群众为主体

中国在从改革开放以来的减贫进程中，贫困人群事实上一直居于主体的地位。政府和社会主要通过创造有利于减贫的宏观经济社会环境、改善贫困地区和贫困人群自我发展的条件和能力以及制定激励贫困地区和贫困人群脱贫致富的政策，来帮助贫困人群依靠自身的努力实现脱贫致富。从 1978 年以来，中国已经脱贫的 7 亿多农村人口，主要是通过自身的努力并且

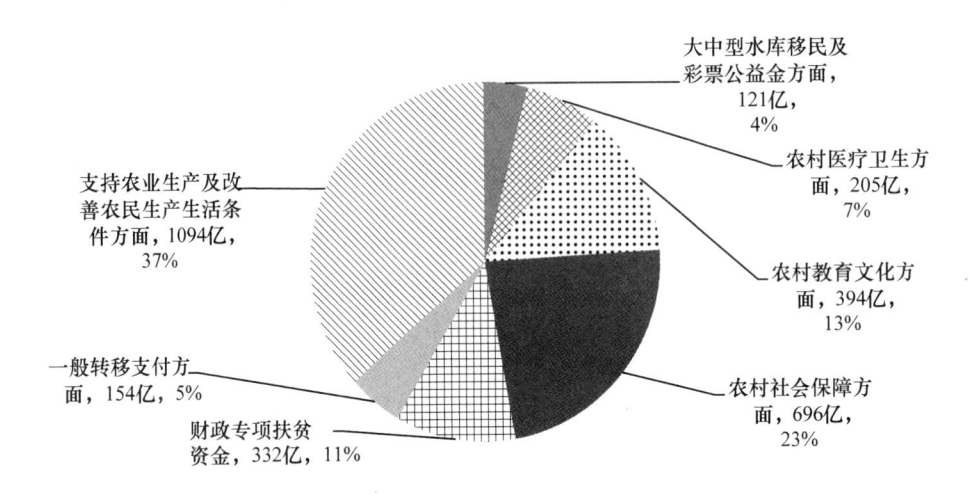

图 11 2012 年中央财政综合扶贫投入构成

资料来源：财政部农业司，http：//nys.mof.gov.cn/zhengfuxinxi/bgtGongZuoDongTai_1_1_1_1_3/201303/t20130328_796655.html。

利用了国家改革开放和发展所创造的有利条件摆脱了贫困。进入脱贫攻坚期间，中国政府在加强政府对脱贫的领导和支持作用的同时，也注重帮扶与激发贫困人口的内生动力和能力相结合。

(3) 社会参与扶贫

社会扶贫是具有中国特色的一种扶贫方式。自 20 世纪 90 年代中期开始，社会扶贫一直是中国扶贫的重要组成部分。中国的社会扶贫是具有中国特色的广义的社会扶贫概念。中国社会扶贫大体可划分为三种主要类型：第一种是政府组织和协调的带有再分配性质的社会扶贫，包括各级机关事业单位开展的定点扶贫、东西协作扶贫以及军队武警部队扶贫；第二种是由企业为主体基于社会责任，参与企业与贫困地区互利的企业扶贫；第三种是由非营利的社会组织和个人为主进行的纯粹的扶贫活动。由这三种社会扶贫方式构成的中国社会扶贫，在过去20年通过动员社会和所在组织的资源、组织和实施扶贫项目、开展扶贫创新等形式，为中国减贫做出了重要的贡献。遗憾的是由于社会扶贫种类、参与组织和个人数量多，且没有统一的信息管理平台，迄今对于社会扶贫的全面统计信息严重缺失，尤其是后两种类型的社会扶贫从来没有过全国性的统计，无法对全国社会扶贫的全貌进行概述。

①定点扶贫

定点扶贫，是中央和地方机关事业单位按照统一安排，在一定时期内（通常至少为5年）对口帮扶某一个或几个贫困地区。据国务院扶贫办统计，"十二五"期间，中央单位共向592个重点县选派挂职干部（含第一书记）1670人次，投入帮扶资金（含物资折款）118.6亿元，帮助引进各类资金695.8亿元；2015年参与地方定点扶贫的单位达到16.3万个，帮扶覆盖全国12.8万个建档立卡贫困村。"十二五"期间，地方各级党政机关、企事业单位等共向贫困地区选派挂职蹲点干部（含第一书记）122.4万人次，投入帮扶资金（含物资折款）1291.2亿元，帮助引进各类资金1830.2亿元，培训各类人员2690.3万人次，组织劳务输出1626.6万人次。

②东西扶贫协作

东西扶贫协作，是东部省、直辖市和大城市根据中央政府的安排与西部省区结对开展扶贫协作。东西部结对省市，通过直接财政援助、引导企业投资、劳动力培训和就业以及干部交流等方式，开展扶贫协作。据统计，"十二五"期间东部9个省（直辖市）和9个大城市参与对西部10个省区市的东西部扶贫协作工作。在此期间，东部省市共向西部贫困地区提供财政援助资金56.9亿元，引导企业实际投资1.2万亿元；东部派往西部挂职扶贫的党政干部684人次，西部到东部挂职1150人次；开展劳动力输出培训77.8万人次，劳务输出240.3万人次。

③军队武警部队扶贫

军队武警部队，是中国扶贫中一支重要的力量。军队和武警部队发挥其独特的优势，在扶贫宣传、贫困地区基础设施建设、生态环境治理、实用技能培训、科技扶贫和健康扶贫中发挥了重要的作用。

④企业扶贫

国有企业和民营企业，除了直接提供公益捐赠以外，主要基于社会责任和互利合作的原则，通过在贫困地区兴办企业等经济合作方式，帮助贫困地区发展经济、增加就业。如中国各级光彩事业促进会2010年以来实施了光彩项目39559个,培训463万人,安排654万人就业,带动826万人脱贫,公益捐赠427亿元。

⑤社会组织和个人扶贫

社会组织在动员社会资源、创新扶贫方式等方面,发挥着重要的作用。据国家统计局贫困监测数据,贫困县2014年收到的社会捐赠资金达到4.9亿元。如中国扶贫基金会、中国妇女发展基金会等社会组织,还通过在贫困地区实施各类扶贫项目参与中国的扶贫开发。社会组织在引入小额信贷扶贫、参与式扶贫等创新性扶贫方式方面,发挥了重要的作用。中国的不少公民通过捐赠、提供志愿者服务等形式,对中国的扶贫开发做出了贡献。

(二) 中国扶贫的经验

中国的农村减贫,虽然存在这样那样的不足,但从结果来看,无疑是取得了巨大的成功。将中国农村减贫的做法放到一般意义上来考察,中国减贫的主要经验突出表现在:实行综合的减贫方式;发挥政府、市场和社会组织在减贫中的作用;注重扶贫创新,不断改进扶贫方式三个方面。

1. 实行综合的减贫方式

中国农村贫困的减缓，虽然在事前不一定做了充分的周密的综合减贫部署，但从结果来看，主要是通过综合减贫方式实现的。

（1）以市场经济发展为基础实现的增长涓滴战略为主体，市场组织发育、工业化和城市化构成了农村贫困减缓的第一源泉

从20世纪80年代中期开始的市场化改革，以及随后根据市场经济发展的需要逐步推动的市场组织发育、工业化和城市化进程，构成了中国农村贫困减缓的第一源泉。相关研究表明：虽然在不同的阶段农村贫困减缓的动力发生了变化，但中国贫困的减缓在较长时期主要是由持续快速的经济增长实现的。[1]

（2）以目标瞄准型开发扶贫战略为支撑，改善穷人的财产获得性，提高了穷人分享增长收益的能力

实行目标瞄准型开发扶贫战略是中国农村扶贫的一个突出特点。中国目标瞄准型开发扶贫，主要通过对确定的贫困地区和贫困户提供多方面的支持和政策优惠，改善其包括基础设施、贷款、技术培训和进入

---

[1] Martin Ravallion and Shaohua Chen："China's (Uneven) Progress Against Poverty"，WPS 3408，World Bank；罗楚亮：《农村贫困的动态变化》，《经济研究》2010年第5期。

市场等方面的可获得性与能力,来提高穷人参与分享经济增长收益的机会或者直接脱贫。

(3) 以社会发展和社会保障制度建立为保障,为脆弱人群避免进一步边缘化提供支持

发展基础教育和基层医疗,建立包括农村低保、新型农村合作医疗、住房安全保障、社会养老保险等社会保障制度,虽不属于专项扶贫措施,但是对于改善穷人的人力资本以避免贫困的恶性循环和避免穷人进一步被边缘化、保障其基本生活,具有重要的意义。中国政府近 10 多年来在社会发展和社会保障方面所做的努力,客观上弥补了增长涓滴减贫和转向开发扶贫方式的不足。

(4) 以对生态脆弱地区和不适宜人居地区的移民扶贫为补充,改善这部分特殊贫困人群的自我脱贫能力

对生活在生存条件恶劣、扶贫成本高地区的部分农民实行移民扶贫,既是因地制宜地调整扶贫方式的一种创新,也是对其他扶贫方式的一个重要补充。虽然移民扶贫政策实施中仍存在一些问题,但不可否认这种扶贫方式在特定条件下所具有的积极作用。

2. 发挥政府、市场和社会组织在减贫中的作用

政府、市场和社会,一直是中国扶贫的三种基本力量。中国农村扶贫曾经被冠以政府主导的特色和优

势，但是政府、市场和社会组织在减贫中都在不同程度上发挥了各自的作用。相对来说，社会组织和穷人的作用发挥得还不够充分。

（1）政府在农村减贫中发挥了决定性作用

中国政府在1978年以来的扶贫开发中一直扮演着主导者的作用[①]。政府一方面通过规划和领导改革、开放和发展，推动社会主义市场经济制度的建立和中国经济社会的持续发展，为贫困减缓创造有利的环境和条件，实现发展减贫；另一方面通过计划和实施瞄准贫困地区的开发式扶贫和精准扶贫，改善贫困地区的基础设施和发展条件，部分弥补和抵消了贫困地区和低收入人群所处的不利地位产生的不利影响，提高了贫困地区和农户分享国家改革和发展成果的能力。

（2）私营部门在农村贫困人口减少中发挥着基础性的作用

在农村贫困减缓中，私营部门通过创造就业和对农产品的需求、上交税收和直接开展扶贫援助等方式，对贫困人口的减少做出了巨大的贡献。

（3）社会组织在社会动员和扶贫创新中发挥积极的作用

尽管中国的非政府组织的发展在总体上还处于比

[①] 吴国宝、汪同三、李小云：《中国式扶贫：战略调整正当其时》，《人民论坛》2010年第1期。

较初级的阶段，但是在减贫中发挥了积极的作用。社会组织在减贫中的作用主要表现在两个方面：一是利用其社会联系动员社会资源参与扶贫；二是凭借其对穷人状况和需求比较了解、应变比较灵活的优势，推动扶贫方式的创新。在中国小额信贷发展和参与式扶贫探索中，非政府组织都发挥了重要的作用。

3. 注重扶贫创新，不断改进扶贫方式

过去 30 多年，中国农村扶贫制度的创新为其他国家和中国今后探索合适的扶贫制度积累了不少宝贵的经验和教训，其中最主要的有以下四点：

（1）将发展置于减缓贫困的中心进行制度设计的思路

中国是世界上为数不多的制订了专门的扶贫计划的国家，但是中国在设计扶贫制度时并没有仅仅局限于扶贫需求本身，而是将发展置于减缓贫困的中心来设计扶贫制度。这就是说，中国不是将扶贫制度创新孤立、游离于全国发展战略和制度创新之外，而是在宏观的发展格局中确定扶贫的地位，以宏观发展制度的建立和完善来选择和确定扶贫制度创新的方向，从而使扶贫制度创新既可以服务于国家的发展大局，也可以根据宏观发展的需要来选择和调整其内容和形式。过去 30 多年尤其是最近 10 多年，扶贫制度创新在一定程度上扮演了中国农村制度创新的探索和试验者的

一个重要角色。同时宏观发展制度和方式，也为农村扶贫制度创新提出和规划了新的方向。

（2）选择"问题—学习—试验—调整—推广"的扶贫制度创新模式

如前所述，中国农村扶贫在过去30多年实行了多方面的制度创新，虽然每一次创新所选取的路径并不完全相同，但绝大多数扶贫制度创新有意识或无意识采取了"问题—学习—试验—调整—推广"的路径。当扶贫实践中出现或发现了问题之后，政府或其他社会组织在外部力量（如国际机构、学术机构）和基层民众的支持和压力之下，通常会采取比较开明和开放的姿态，借鉴和学习先进的理论和方法，并在小范围内进行试验，然后再根据试验的情况进行总结和调整，利用政府的力量，将有效的创新方式在全国推广。这种以问题为导向，积极学习外部先进理念和方法，然后通过小规模试验进行检验和调试，再利用政府的力量进行推广的创新模式，是中国农村扶贫制度30多年来不断创新和完善的重要保证，也为中国农村扶贫不断取得进步做出了不可磨灭的贡献。前面提到的扶贫战略、治理结构和财政信贷资金扶贫方面所进行的创新，几乎没有例外地都有意识无意识地采取了这种创新路径。

（3）高度重视国际组织、非政府组织和学术机构在扶贫制度创新中发挥的作用

中国农村扶贫制度的创新，相对来说，由于所关注的问题的特殊性而享有其他领域创新所不具有的比较开放的环境。自20世纪80年代中期尤其是1996年以来，中国政府对国际组织、非政府组织和学术机构提出的扶贫新理念、新方法，基本采取不抵制、不反对、允许试验的开明态度，使这些体制外的机构在扶贫制度创新方面可以较深入、较全面地参与，从而对中国农村扶贫制度的创新发挥了积极的引路或探路人的作用。

（4）政府对扶贫制度的试验和创新采取开放、开明的态度

在讨论和分析中国农村扶贫制度创新时，无视或轻视中国政府的特殊作用肯定会得出错误的结论。在前面提到的农村扶贫制度创新路线图中，政府在两个环节起着决定性的作用。一是对外部的先进理念和方法采取开明、开放的态度，愿意学习和接受新的、有用的扶贫理念和方法，使得扶贫制度创新不会被扼杀在襁褓之中。二是中国政府依靠其所拥有的强有力的行政权力和巨大的公共资源，将通过试验被证明有效的扶贫制度和方式，在全国进行推广。这可能是中国在扶贫制度创新中所具有的许多国家不易学习的一个比较显著的体制优势。

三 中国精准扶贫的实践

精准扶贫是一种特殊的目标瞄准扶贫方式，有其内在的一般逻辑和组成要件，同时又受到所处政治、社会和经济环境的影响而表现出特殊性。中国的精准扶贫，是中国共产党和中国政府在特定的背景下根据自己独特的政治和制度优势创新性地设计、组织与实施的具有中国特色的特殊的目标瞄准扶贫方式。因此，中国精准扶贫，兼有目标瞄准扶贫的共同属性和中国特定的政治和制度所产生的特性。

精准扶贫，是中国首先使用的一个扶贫概念，是指通过相应的制度安排和政策支持，将扶贫资源通过一定的方式准确地传递给符合条件的目标人群，帮助（使）他们通过一定的合适的形式改善自己的条件和能力进而摆脱贫困的一种全过程精准的特殊的目标瞄准扶贫方式。虽然目标瞄准扶贫的思想和实践，在国际上已有了数十年的历史，也有少数国家在某些环节的目标瞄准扶贫方面取得了不错的效果,但尚没有任何其他国家和地区在像中国这么大的范围内实施全过程的目标瞄准扶贫。从这个意义上说,精准扶贫是中国继开发式扶贫之后对世界扶贫事业所做出的又一大贡献。

(一) 中国精准扶贫理论分析框架

1. 中国精准扶贫的定义

国际上一般所谓的目标瞄准扶贫,是指将计划的资源准确传递给目标人群以帮助其减轻或摆脱贫困的政策和制度安排。有关目标瞄准扶贫的研究文献,主要集中于(1)扶贫资源的传递和分配是否偏离目标人群,(2)多大比例的目标人群能够从目标瞄准扶贫政策或项目中受益,(3)实现目标瞄准扶贫的成本效益(包括经济、社会和政治上的成本效益)3个方面。可以看出国际上目标瞄准扶贫理论和方法,主要是解决既定扶贫资源的有效分配问题,或者说是比较与评估不同扶贫方式(如福利制度支持扶贫与开发式扶贫方式)的瞄准效率优劣。

与国际上主流的目标瞄准扶贫理论要解决的问题不同,中国的精准扶贫是要解决现行标准下剩余贫困人口在确定时间脱贫的相关政策和制度安排问题,是为全面建成小康社会补短板的关键措施。在对扶贫精准的要求上，中国不仅仅满足于扶贫资源的准确和有效传递，而是同步关心扶贫的全过程精准，即实现扶持对象精准、项目安排精准、资金使用精准、措施到户精准、因村派人精准和脱贫成效精准。中国目前实行的精准扶贫，虽然也强调要提升扶贫对象的内生动力，实现扶贫与扶志、扶智相结合，但是在制度设计和具体实践中，总体上中国还是将提升穷人生活水平和发展能力作为政府扶贫的一个优先目标或主要产出，而不是建构以穷人自我发展为中心的扶贫政策和支持体系。从这个意义上说，中国现在实行的精准扶贫可以称之为外部介入式全过程精准扶贫，这样既可以区分于国际上主流语境中的目标瞄准扶贫，也可以区分于穷人或贫困社区主导的目标瞄准扶贫。

2. 中国精准扶贫的理论分析框架

从一般意义上说，外部介入式全过程精准扶贫包括以下6个相关的要件：（1）精准确定符合条件的目标人群；（2）安排充足且适用的扶贫资源；（3）选择合适的扶贫资源分配和传递方式；（4）选择并有效实施适合目标人群的扶贫方式；（5）建立并有效运行能保证资源传递和扶贫方式选择与实施的组织和制度；（6）建立并有效运行监测和评估前面5个方面工作质量的监测评估与激励的制度。

(1) 精准识别扶贫对象

通过合适的方法，筛选出符合政府或其他组织设定贫困标准的扶贫对象，是目标瞄准扶贫的首要任务和前提。自1901年以来，有关贫困理解和测量的研究取得了一系列的重大进展，贫困界定和测量的指标和方法也不断完善。但是这些基于理论研究和样本数据分析所设计的贫困界定和测量的指标和方法，在应用于实际的（尤其是大规模的）贫困识别时，通常会遇到一系列的困难和障碍。比如：缺乏也难以通过一次性调查获得家庭收入和消费支出的可靠信息，识别时面临着时间和预算的双重约束，家庭收支的动态变化需要不断的数据更新，等等。为了解决这些问题，不少国家在实践中探索和总结了一些扶贫对象识别的办法[1]。主要有①资格审定方法（means testing），它是由官方人员直接挨家逐户评估各户是否符合项目设定的受益人资格，或者委托第三方来审核申请人的收入，这通常要求申请人提供必要的证明其符合资格要求的文件；②代理指标审定方法（proxy means testing），它是根据若干个易观察家庭特征指标和相应的权重估算

---

[1] Coady, D., M. Grosh & J. Hoddinott (2004), "Targeting of transfers in developing countries: Review of lessons and experience", Washington, D.C.: The World Bank.

每个家庭的分值，然后比较各家庭所得分值与目标受益人最低分值，确定项目的受益人；③社区参与瞄准（community targeting），是指由与项目无利益关系的社区领导或社区成员利用其所掌握的成员信息来确定谁应从项目中受益。这些扶贫对象识别的办法，各有其优缺点。

（2）扶贫资源的投入保障

狭义的扶贫资源通常指扶贫资金；广义的扶贫资源，包括扶贫资金、物资、人力资源、机会和优惠政策。扶贫物资与扶贫资金具有相同的属性，只不过在一些特殊的条件下，直接提供扶贫物资（如牲畜、农业生产资料等）可以减小扶贫资金的流失、增强扶贫资源的效果。扶贫人力资源，包括政府和其他方面为扶贫工作直接安排的扶贫工作人员与从外部引入的专业人员，前者起着保证扶贫工作正常有效运行的作用，后者则可以弥补目标贫困地区和人群脱贫所需要的专业人员和技能的不足；政府、企业和社会组织为特定的目标贫困人群提供的机会，如就业、升学、医疗，通常不仅包括了一定的费用补贴，而且更是给予目标贫困人群在正常条件下难以得到的增收或发展机会（如政府给予贫困家庭子女特殊的奖学金、助学金，降分录取高校等等）。扶贫优惠政策的作用与提供机会有些类似有时也会交叉。政府为目标贫困地区和人群提供的优惠政策，通过转让部分中央政府的特许权，授予更优惠的条件，增强目标贫困地区或人群的竞争力。

在一定时期一个国家能够用于扶贫的投入，受到诸多因素的影响。这些因素包括：①国家的发展水平和可用财力；②国家和社会认可的贫困标准和贫困人口；③国家和社会愿意和能够接受的扶贫目标和方式（减少短期还是长期贫困，福利救济还是能力建设）；④利益集团的作用，等等。正是由于扶贫资源的投入受到众多因素的影响，国际上多数国家要么是通过社会保障来保障居民的基本需要，要么选择一些特定目标人群实施某一个或几个方面的扶贫。很少有国家尤其是发展中大国能够采用目标瞄准扶贫方式来进行全方位的能力建设扶贫。

（3）扶贫资源的分配和传递

将扶贫资源及时、合理、有效地分配和传递到扶贫的目标区域和人群，使稀缺的扶贫资源发挥扶贫效益，是目标瞄准扶贫的重要环节和内容。在以扶贫资源分配和传递瞄准性为目标的目标瞄准扶贫中，扶贫资源分配和传递的准确性、有效性，通常被视为评价目标瞄准扶贫方式质量和效率的主要依据。国际上使用最广泛的测量目标瞄准扶贫有效性的两个指标，即扶贫资源的漏出率（扶贫资源用到非目标贫困人群的比重）和扶贫对象的漏出率（扶贫对象没有享受到扶贫资源的比重），主要就是用来衡量扶贫资源分配和传递的效率和质量的。

扶贫资源的分配和传递，受扶贫资源的分配决策形式、传递渠道、管理制度等因素的影响。扶贫资源的分配，采取自上而下、自下而上还是二者结合的决策方式，对目标瞄准扶贫的质量和效率，会有重要的影响。分配决策方式的选择，主要受到扶贫治理结构的影响。扶贫资源的传递渠道，包括资源的输出、接收和传递通道。一般来说，扶贫资源传递所经过的节点越多、传递渠道越长，偏离目标的可能性就越大、资源流失和浪费的概率也相应增加。

（4）可选择的适用的扶贫方式

如果目标瞄准扶贫不是简单当作一个资源分配和传递问题（当扶贫的方式已被确定而且不允许改变时，通常主要是分配和传递问题）而是以目标贫困人群的脱贫需要为导向和目标的扶贫行动，是否存在足够多的可用的扶贫方式就成为了一个关键因素。其道理十分简单，贫困的表现不一、致贫的原因有别、所处的环境条件不同，任何固定的单一扶贫方式都难以解决全部甚至主要目标贫困人群的贫困问题。能采用哪些或者什么样的扶贫方式，主要取决于三个方面的因素：一是实现具体扶贫战略目标和任务的需要；二是可用的资源、技术、组织和制度（政策供给）；三是出资人或最终决策者（政府、社会或社会企业等）对扶贫成本效益的估值。

完成不同的扶贫目标和任务，需要选用不同的扶贫方式。比如以短期增加目标贫困人群福利为目标的扶贫与以建立贫困人群能力为目标的扶贫，需要选用不同的扶贫方式；以贫困人口个体能力建设为目标的扶贫与兼顾个体和区域能力建设的扶贫，所需要采用的扶贫方式也会不同。

可用的资源、技术、组织和制度，对扶贫方式的选择和创新具有重要影响。首先，可用的自然资源、人力资源、基础设施和可获得的技术（生产、物流、信息等），对于生产性扶贫方式的选择，具有决定性的作用；可用的产业和社会组织资源，包括已有的产业组织（规模企业、专业合作社等）、现有的正式和非正式社会组织等，会在很大程度上影响甚至左右扶贫方式的选择；正规和非正规的经济和社会制度，同样影响着扶贫方式的选择。

对扶贫资源使用有决定权的机构和人员对扶贫成本效益态度和评价标准，会影响扶贫方式选择。任何扶贫方式，在一定意义上说，都是扶贫成本和效益权衡的结果。一种扶贫方式（干预）社会效益的估值，在扶贫方式选择中的作用尤为重要。首先，扶贫本身就是一种社会责任行为，很难对其社会效益进行经济评估；其次，一些扶贫方式（干预）会产生扶贫效益和其他对区域经济、社会和环境的溢出效益。在选择扶贫干预时是否将其溢出效益列为决策考虑因素以及如何估计其溢出效益，有时对结果会有决定性的作用。

（5）扶贫工作组织与制度

全过程的目标瞄准扶贫，高度仰赖于扶贫工作组织与制度的质量和效率。建立分工明晰、权责明确、人员充足、运行有效的扶贫工作组织体系以及能够支持和保障扶贫工作有效进行的制度，对实现精准扶贫具有决定性的作用。

全过程的目标瞄准扶贫，对扶贫计划、实施和管理具有很严密的要求。其一，需要建立分工明晰、权责明确的组织和制度，保证精准扶贫各个阶段和环节都有相应的组织和人员在尽职尽责地履职；其二，需要建立保证扶贫组织体系有效运行的制度，这个制度是以精准扶贫为目标设置的，既有自上而下的计划和执行，也有以问题和解决问题为导向的上下互动，所以精准扶贫工作组织制度设计要求纪律性和灵活性的统一。

（6）监测评估与激励的制度和方法

监测评估与激励制度，在实现全过程目标瞄准扶贫中具有重要的作用。监测评估制度，既要起到监测扶贫工作和政策执行的进程、发现问题、引导解决问题的作用，又要承担对脱贫结果及其质量评估的作用。因此，全过程目标瞄准监测评估制度和方法的设计，需要充分考虑监测评估目标、任务和对象的特点，同时考虑不同监测评估制度和方法的互补性。第一，需要建立一套兼顾结果和过程监测与评估的制度和方法；第二，需要建立包括内部监测和考核与外部监督和评估结合的监测评估制度，以保证监测评估结果的可用性和可信性；第三，建立监测评估结果应用的激励和奖惩制度，使监测评估结果能够及时有效地用以改善和引导目标瞄准扶贫工作。

（二）中国精准扶贫的实践

精准扶贫实践的总结，主要是对中国扶贫干预体系在过去几年实践的做法、经验和问题进行分析和讨论。这里所指的精准扶贫干预体系，包括扶贫对象精准识别的方法，为保证脱贫攻坚目标实现而建立的规范、管理扶贫主体权责关系和行为的治理体系及相应制度；保障脱贫攻坚目标和任务完成的扶贫资源投入和动员的政策安排；可有效实现精准扶贫的政策工具和方式等。

1. 扶贫对象识别和动态调整

对于大规模的精准扶贫工作来说，找准并动态调整扶贫对象、准确找出各个扶贫对象的致贫原因，是一项事关全局的重要工作。而要从近10亿涉农户籍人口中准确识别出数千万扶贫对象，其难度几近于大海捞针。虽然像巴西、哥伦比亚、菲律宾、印度尼西亚等国家也曾做过贫困人口识别的尝试，但就其规模而言远不如中国所面临的这么大。中国从2014年开始，在全国开展扶贫对象建档立卡工作。虽然在20世纪90年代中后期中国部分省区也曾有过建档立卡的实践，摸索出少量的经验，但是全国性的建档立卡工作在中国历史上尚属首次，实践中也带有明显的摸着石头过河的性质。经过3年多的探索和总结，中国基本上建立起了扶贫对象识别和动态调整的制度和方法，也在中国扶贫开发历史上第一次实现全国贫困信息基本精准到户到人，第一次逐户初步分析了致贫原因和脱贫需求，第一次构建起全国统一的包括所有扶贫对象的扶贫开发信息系统，为精准扶贫、精准脱贫工作建立了重要的信息基础。中国能够建立起全国性的扶贫对象识别和动态调整系统，主要是由于相应的制度和方法支持所致。

（1）扶贫对象精准识别和动态调整的制度保障

中国通过一系列相关的制度安排，使扶贫对象的识别和调整逐步趋于精准。首先，"中央统筹、省负总责、县抓落实"的扶贫工作机制，使省、县等各级党委、政府能够且必须按照中央确定的方案和计划实施对扶贫对象的识别和调整并承担责任。其次，建立扶贫对象识别和退出的公示和认定制度，使扶贫对象确定和退出，既需要通过公示接受村民的监督，还需要通过扶贫对象与上级单位的认定，可从制度上避免扶贫对象识别的随意性。再次，通过扶贫工作督查、巡查和审计等制度，监督扶贫对象精准识别的结果和程序，如2014年国家审计总署对广西马山县审计发现的问题，就推动广西自治区乃至全国扶贫对象精准识别进行了重大的制度性调整，引入了扶贫对象识别的大数据应用和排除法。最后，通过建立包括独立第三方参与的贫困退出评估检查制度，形成扶贫对象精准识别的倒逼机制。中国确定的贫困退出评估检查指标和程序，要求对申请退出的贫困县在贫困人口漏评率、贫困户错退率和受访农户满意率上达到国家确定的最低标准，这就从制度上倒逼地方政府尽量减小精准识别的误差，否则可能前功尽弃。

（2）扶贫对象精准识别的方法创新

国内外对扶贫对象精准识别方法的探索已有数十年的时间，迄今已总结出了多种不同的方法及其评价理论[1]。但是已有的方法多数只在项目层面或者人口较

---

[1] Coady, D., M. Grosh & J. Hoddinott (2004), "Targeting of transfers in developing countries: Review of lessons and experience", Washington, D. C.: The World Bank.

少的国家或地区实行，如何在像中国这样的发展中人口大国，在缺乏全面的居民收支、税收基础信息的条件下进行全国性的贫困人口识别，现有的理论研究和经验都不能给出现成的答案和建议。

中国经过数年的反复探索和总结，创新了大国扶贫对象识别的方法。其基本内容包括：第一，以全国大样本居民收支抽样调查数据推断全国和分省的贫困人口数据，通过贫困人口数据的分解，启动扶贫对象的精准识别工作。使用大样本居民收支调查数据估算国家和地区的贫困人口是国际上通用的方法，其科学性与可靠性已获得理论和实证支持。在不进行居民收支普查的条件下，这样处理应是最合理的选择。

第二，自上而下、自下而上相结合，运用可观察的多维贫困指标和参与式方法，逐步使扶贫对象识别趋于精准。基于居民收入和支出抽样调查数据估计的贫困人口，受样本规模和抽样误差的影响，只对国家和省一级具有代表性。省以下的贫困人口分解主要参考辖区内市、县、乡镇和村的社会经济发展水平统计数据，而这些数据虽然与贫困人口规模有一定的相关性，但是据以进行贫困人口的分解显然是不充分的。通过贫困人口逐级往下分解的方法可以先初步匡算出到各个村的贫困人口，在村一级再由村组干部按照他们对农户贫富情况的了解确定扶贫对象，从而完成了贫困识别自上而下的过程。到2014年年底全国共识别2948万贫困户、8962万贫困人口。识别出来的贫困人口，比国家统计局估计的2013年年底全国贫困人口总数多了713万（8.6%）。其原因是最初湖北、广西等地参照与其发展水平相似的省的贫困人口数据，认为国家统计局估计的自己所在省的贫困人口数量偏低，经上级研究同意这些省可以在国家统计局估计总数基础上上浮一定比例后往下分解。

第一轮建档立卡识别出来的扶贫对象，基本上是全国贫困人口总量自上而下分解和各村少数村组干部商量确定的结果。这一方法基本上是中国传统的指标分解计划方法与国外所谓的社区瞄准（community targeting）方法的混合。这种方法存在的问题，源自三个方面。一是省以下贫困人口分解的标准不统一且相关性未经过严格的检验；二是在村内贫困人口的识别更多地是依据财富或消费支出，而非收入；三是村内的贫困识别只有少数村组干部参加，对农户的信息了解不充分且结果缺乏监督。正是由于上述种种方面的原因，第一轮建档立卡确定扶贫对象之后，有关结果和方法可靠性和可信性的质疑和诟病就持续不断。所以从2015年8月至2016年6月，在全国范围内组织开展了建档立卡"回头看"。"回头看"的过程实际上是完善扶贫对象精准识别制度和方法的过程。"回头看"

在某种程度上完成了扶贫对象识别自下而上的过程。在这个过程中,各地结合所在地区的实际情况,探索出了多种以多维贫困为基础、以可观察到的指标为依据,指标核查和农户参与相结合的扶贫对象识别的方法。通过"回头看",全国共补录贫困人口807万,剔除识别不准人口929万。

第三,实行建档立卡扶贫对象数据的动态调整。2017年6月,组织各地完善动态管理,把已经稳定脱贫的贫困户标注出去,把符合条件遗漏在外的贫困人口和返贫的人口纳入进来,确保应扶尽扶。

2. 提升扶贫治理体系和治理能力

(1) 初步建立了比较完善的扶贫治理体系

2013年以来,中国扶贫治理的广度和深度都得到了显著的加强,初步建立起了比较完善的扶贫治理体系,成为保障和实现精准扶贫最可靠的组织和制度基础。

第一,加强省级扶贫领导和工作机构。

中国在2001年就明确了扶贫开发工作中省负总责的体制,然而支撑省级扶贫开发领导和工作的组织机构却一直比较弱。2015年以前多数省级扶贫开发领导小组由分管农业的副省长或其他副省级领导担任组长,部分省级扶贫办甚至还挂靠在省内其他部门之下,多数省扶贫办存在不同程度的专业人员短缺现象，使省在组织上就难以承担起总览全省扶贫开发任务的职责。2015年以后，中西部省（市、自治区）都建立起了以省委书记、副书记担任组长的扶贫开发工作领导小组，省级扶贫办绝大多数都达到了正厅级标准，少数省甚至安排省委副秘书长或省政府副秘书长兼任省扶贫办主任，省级扶贫领导小组和扶贫办的组织、协调能力得到明显的提升，从而在组织上为扶贫开发工作省负总责提供了保障。

第二，明确行业部门和东部发达地区政府的扶贫责任。

中国自1996年以来就明确将行业部门参与扶贫、东西协作扶贫、定点帮扶纳入大扶贫框架中，并在《中国农村扶贫开发纲要（2011—2020）》中确定了专业扶贫、行业扶贫和社会扶贫的格局。但是，行业部门、参与东西部协作政府的扶贫责任很少被明确界定，也鲜有行业部门和参与扶贫协作的政府制定具体的扶贫行动计划，他们的行为也一直游离于国家扶贫的监管体系之外。2013年以后尤其是《中共中央国务院关于打赢脱贫攻坚战的决定》出台以后，中共中央国务院明确了各相关部门和东西扶贫协作参与政府的扶贫责任，绝大多数承担扶贫责任的部门都先后制定了本部门牵头扶贫任务的实施计划或行动计划，据不完全统计，2013年以来中央各部门出台了超过200份脱贫攻坚政策文件或实施方案；参与扶贫协作的东部地区有关省、市政府也拿出了具体的协作支持计划，从而使扶贫治理的广度得到了坚实的延伸。

第三，建立和加强基层扶贫治理体系。

基层扶贫治理乏力，一直是阻碍中国扶贫政策和计划有效落实的重要因素。从1986年以来，中国在贫困县（后来的扶贫工作重点县和片区县）就建立了专事扶贫工作和管理的领导小组和办公室，1996年《中共中央国务院关于尽快解决农村贫困人口温饱问题的决定》中要求"贫困地区的党政一把手，特别是贫困县的县委书记和县长，要以高度的责任感和使命感亲自抓扶贫开发，抓解决温饱问题"，并在2001年出台的《中国农村扶贫开发纲要（2001—2010）》中提出了"省负总责，县抓落实，工作到村，扶贫到户"的扶贫工作机制，要求"扶贫开发工作重点县，必须把扶贫开发作为党委和政府的中心任务，以扶贫开发工作统揽全局"。但是，2013年以前贫困县的县级党委和政府很少把扶贫真正当作县的中心工作，多数县级扶贫管理机构（扶贫办）只配备了区区数人，只能对少数重点扶贫工作行使监督、检查之责，更遑论对县域内所有贫困村和贫困户因地制宜采取针对性帮扶。2013年以前，贫困县的乡镇政府多数只有一名左右的专职扶贫干部；贫困村党支部和村委会多数都不同程度存在干部不能足额配备且年龄和知识老化的情况，加上村干部工资低且得不到保障，村级组织在扶贫工作中大多只能起到组织开会和上传下达的作用。2013年以来，一系列创新性政策使基层扶贫治理软化和弱化的局面得到了很大的改变。首先，中央明文要求脱贫攻坚期间贫困县的党政一把手保持稳定，并通过建立党委政府扶贫绩效考核制度及相应的问责制，使贫困县级党委和政府真正将扶贫开发作为县委和政府的中心工作来抓，县乡专职扶贫机构和人员得到了充实和加强，县级扶贫办的工作人员数量有了大幅度的增加，多数县扶贫办都配备了数十名甚至上百名专职扶贫工作人员，扶贫工作机制中确定的县抓落实有了基本的组织和人员保障。其次，相应地乡镇扶贫工作机构和人员也得到了加强。多数有扶贫工作重点村的乡镇建立和加强了乡镇扶贫工作站，配备了更多的工作人员，一些乡镇扶贫工作站配备了十多个扶贫工作人员，使乡镇真正可以承担起应负的扶贫工作职责。最后，在加强贫困村村级党支部和村委会队伍能力建设的同时，所有贫困村都配备了扶贫第一书记和扶贫工作队员。据统计，全国共累计选派290多万名县级以上党政机关和国有企事业单位干部到贫困村和基层党组织薄弱涣散村担任第一书记，实现了所有扶贫工作重点村驻村帮扶和第一书记全覆盖。贫困村第一书记和驻村扶贫工作队是在原有扶贫治理体系里面不存在的一种治理力量[①],他们的进入在某种程度上加强了过去在县和村、户之间扶贫管理比较薄弱的环节,使过去因为人少、工作忙或者其他原因,扶贫工作很难具体深入到一家一户的情况得到了根本性的扭转。这些由上级下派的驻村干部既有县和有关组织部门的授权,又有时间和相应的条件来对一家一户的贫困状况和致贫原因来进行摸底调查,并能在扶贫资金、扶贫项目的精准安排和帮扶措施的实施中起到重要的作用。

(2)显著提升了扶贫治理能力

2013年以来,中国逐步建立了扶贫治理的制度,改善了扶贫治理的方法,使扶贫治理能力得到明显增强。扶贫开发目标和任务约束不力,考核和问责虚置,一直是中国扶贫治理中存在的一大问题。虽然中央早就确立了"中央统筹,省负总责,市县抓落实"的扶贫工作机制,但由于没有建立有针对性和具约束力的扶贫绩效考核制度,加之问责不力、信息不够公开等原因,中国扶贫治理一直力度不够,以致扶贫政策和计划难以得到有效地执行,扶贫到村入户举步维艰,

---

① 吴国宝:《创新扶贫治理体系 推动精准扶贫迈上新台阶》,光明网—理论频道,2016年9月9日,http://theory.gmw.cn/2016-09/09/content_21904122.htm。

诸如扶贫资金违规违纪甚至违法使用的情况时有发生。有鉴于此，从2013年开始，中共中央国务院将加强扶贫治理制度建设和能力建设作为实现脱贫攻坚的重点和主要抓手。

首先，通过问责制和相应的行政规定，实现扶贫工作体制和机制的制度化和可操作性。具体的措施包括：第一，制定《脱贫攻坚责任制实施办法》，使"中央统筹、省负总责、市县抓落实"的扶贫工作机制实现制度化，构建起各负其责、合力攻坚的扶贫责任体系；第二，将中共中央国务院有关脱贫攻坚的重要政策举措落实的任务，明确分解到中央各个有关部门，使部门责任落实、督查和考核有据可依；第三，中西部22个省（市、自治区）党政主要负责同志与中央（国务院扶贫开发领导小组）签署脱贫攻坚责任书，立下军令状，使脱贫攻坚工作机制中省负总责的部分成为可核查、可追责的硬任务；第四，通过保持贫困县党政正职在脱贫攻坚期内的稳定，将贫困县脱贫攻坚的责任与县级党政主要领导直接捆绑起来，使县级党政领导有责任和压力去抓好脱贫攻坚任务的落实；第五，通过强化贫困村第一书记和扶贫工作队的责任和考核，使向农村基层延伸的扶贫治理可以通过问责制来加以实现。在扶贫治理中，中国充分利用了自己的政治优势和制度优势，来规范和落实各级治理主体的扶贫责任。

其次,通过建立监督、巡查和考核制度,提升扶贫治理的能力和质量。2015年以来,中国通过建立全方位的脱贫攻坚督查、巡查制度,加强对各级扶贫开发工作责任和任务落实的监督。中央制定了脱贫攻坚督查巡查工作办法,对各地落实中央决策部署开展督查巡查;委托8个民主党派中央,分别对8个贫困人口多、贫困发生率高的省份在攻坚期内开展脱贫攻坚民主监督。国务院扶贫办通过设立12317扶贫监督举报电话接受媒体和社会的监督;通过加强与纪检监察、财政、审计等部门的专业监督的信息沟通和连接,把各方面的监督结果运用到考核评估和督查巡查中。此外,通过将扶贫对象、扶贫项目和资金计划的公开和公示列为财政专项扶贫资金绩效考核的指标,使包括扶贫对象在内的社会监督内化为扶贫治理的内容。

通过强化对各级党委和政府扶贫开发工作成效的考核和成果应用,提升扶贫治理的强度和效果。2016年2月中央组织部和国务院扶贫办联合发布了《省级党委和政府扶贫开发工作成效考核办法》,随后国务院扶贫开发领导小组在对2015年工作成效预考核基础上,组织开展了2016年省级党委和政府扶贫工作成效正式考核。对综合评价位居前列的8个省(区、市)进行了通报表扬,并在2017年中央财政专项扶贫资金分配上给予每个省4亿元的资金奖励；对综合评价较差且发现突出问题的4省，约谈了党政主要负责同志；对综合评价一般或发现某些方面问题突出的4省，约谈分管负责同志；还将考核结果送中央组织部备案，作为对省级党委、政府主要负责人和领导班子综合考核评价的重要依据。在中央对省考核的同时，省对市县也开展了相应的考核。在开展内部考核的同时，还委托第三方对各级党委和政府脱贫攻坚的成效进行了独立的专业评估。党委、政府扶贫开发工作绩效考核制度从2016年开始成为了常态化脱贫攻坚督导制度。

3. 初步建立了可满足脱贫攻坚需要的扶贫资源投入和动员体系

实现精准扶贫、精准脱贫，需要有充足的多渠道的资源投入作为保障。在经济增长对减贫的自动拉动作用减弱的条件下，保证足够的扶贫资源投入和动员的强度和力度对实现脱贫攻坚目标就具有更重要的作用。

1986年中国实行开发式扶贫战略以来，截至2012年，按现行扶贫标准，累计减少了5.6亿农村贫困人口，每年减少2081万。在此期间，中央财政扶贫资金累计投入约2700亿元[①]（未考虑通胀因素），年均100

[①] 据国务院扶贫办提供的财政投入数据估算。

亿。大体相当于财政投入482元就可减少一个贫困人口。毫无疑问，这么高的财政投入减贫效率与这期间中国快速工业化、城镇化所提供的发展机会多有关。进入脱贫攻坚和经济新常态重叠期后，一方面经济增长对减贫的自动拉动作用明显减弱，另一方面剩余贫困人口的脱贫难度和成本大幅攀升，外部扶贫资源的较大规模投入成为实现脱贫攻坚目标的关键。

2013年以来，中国政府通过增加财政专项扶贫投入、整合现有涉农专项资金、撬动金融资源和动员社会资源，初步建立起了能满足脱贫攻坚需要的扶贫资源投入和动员体系。

（1）大幅度增加财政扶贫资金投入

从2013年到2019年，中央财政投入专项扶贫资金从394亿元增加到1260.95亿元，累计达到5108.78亿元，年均增长达到22.7%。不考虑通胀因素，这6年的中央财政资金投入相当于1980—2012年32年投入的2.5倍，可见近几年来中央财政扶贫资金投入增加力度之大。与此同时，近年来地方财政扶贫资金投入也大幅度增长。

在直接增加财政扶贫资金投入的同时，从2013年开始，中国政府还安排地方政府债务1200亿元用于改善贫困地区生产生活条件，安排地方政府债务994亿元和专项建设基金500亿元用于易地扶贫搬迁①。

（2）整合贫困地区涉农专项资金，增加扶贫资金投入

2016年4月国务院办公厅发布了《关于支持贫困县开展统筹整合使用财政涉农资金试点的意见》，要求财政部牵头开展支持贫困县开展统筹整合使用财政涉农资金试点，明确将中央和省市级相关财政涉农资金的配置权、使用权完全下放到试点贫困县，由贫困县依据当地脱贫攻坚规划安排相关涉农资金。据财政部统计，2016—2019年，全国832个贫困县实际整合资金规模累计达到1.26万亿元，县均整合资金规模超过15亿元，较大地增加了脱贫攻坚的可用资源。不过，涉农资金整合本身并没有增加贫困地区的资金，所改变的只是资金的分配和使用方向。这些改变对贫困地区和扶贫的长期影响，还有赖于未来更深入的研究和观察。

（3）通过金融创新和政策调整，金融扶贫的广度和强度有了明显的提高

2015年以来，中央和地方政府、金融部门在撬动金融资源支持脱贫攻坚方面做了许多新的努力，较大

---

① 刘永富：《国务院关于脱贫攻坚工作情况的报告——在第十二届全国人民代表大会常务委员会第二十九次会议上》，2017年8月29日，中国人大网，http://www.npc.gov.cn/npc/xinwen/2017-08/29/content_2027584.htm。

幅度增加了扶贫可用的金融资源和金融产品，也增加了扶贫对象获得金融服务的机会。

第一，提供扶贫再贷款，增加了贫困地区的可用金融资源。

从2015年年底开始，中国人民银行以比支农再贷款更优惠的贷款条件向贫困地区发放扶贫再贷款，短期内增加了贫困地区可用的金融资源。截至2019年3月末，全国扶贫再贷款余额1679亿元。

第二，扶贫小额信贷迅速发展，受益扶贫对象数量明显增加。

为了应对精准扶贫增加的农户金融需求，2014年以来国家金融监管部门牵头连续出台了多项支持建档立卡扶贫对象金融服务的政策，为贫困农户量身定做了具有中国特色的扶贫小额信贷。扶贫小额信贷对所有有贷款意愿和一定还款能力的建档立卡贫困户5万元以下、3年以内的贷款，采取信用贷款方式，不设抵押担保门槛，以优惠利率提供，县政府设立风险补偿金用于与贷款银行分担还款风险，中央财政负责利差补贴。同时中央要求完善尽职免责制度，对于银行业金融机构投放扶贫小额信贷过程中达到尽职要求的出现还款风险将会免予追究责任。综合来看，扶贫小额贷款已成为一种可达到小微企业贷款规模（最高5万）、期限可达到3年、免抵押担保、基准利率用款的金融产品，地方财政负责贷款贴息并且分享还款风险。这样的贷款条件和政府保证，会极大地突破商业银行信用贷款上的诸多限制。但是，不可否认，这些新的贷款条件和保证，大幅度增加发放扶贫小额贷款金融机构和贫困地区地方政府的金融风险和债务风险，并且埋下政府为扶贫小额贷款风险买单的隐患。

扶贫小额信贷新政策的出台，极大地增加了扶贫对象获得贷款的机会。据统计，截至2020年一季度末，全国扶贫小额信贷累计发放4443.5亿元，累计支持建档立卡贫困户1067.81万户次，超过全部建档立卡贫困户的三分之一；余额1795.25亿元，覆盖户数449.71万户[①]。这意味着有60%的有劳动能力的贫困户获得了扶贫小额贷款，仅就其规模和增长速度而言可能是国际小额信贷发展史上的一大奇迹。当然，这么快速的扶贫小额贷款的增长，也与地方政府介入龙头企业或专业合作社与贫困农户合作有关。据了解，相当部分贫困户所借到的扶贫小额贷款实际上都是转借给地方扶贫龙头企业或合作社使用，并每年从中获得一定数量的固定或浮动收益。作为对接受贫困户贷款的一种配套政策，扶贫龙头企业和合作社同时还能

[①]《银保监会普惠金融部主任李均锋：打造扶贫小额信贷"金字招牌"》，《中国银行保险报》2020年6月9日。

够从政策性银行获得贷款支持。2016年以来中国农业发展银行每年发放产业精准扶贫贷款都超过千亿元，估计其中的多数发放给贫困地区的扶贫龙头企业。这种由金融扶贫政策支持的龙头企业或合作社+贫困户的扶贫方式，对于促进地方资源开发和产业发展、增加贫困户就业和地方税收，具有重要的作用。如果企业和产业选择合理、风险防控措施得当，这种方式可以产生多赢的结果。

第三，支持脱贫攻坚的其他金融服务近年来获得较快发展。

除了产业扶贫贷款之外，中国农业发展银行和国家开发银行等发放了易地扶贫搬迁专项贷款和贫困地区基础设施贷款。到2017年年末，中国农发行累计投放各类易地扶贫搬迁贷款2768亿元，年末余额2530.1亿元，其中中央财政贴息专项贷款余额937.7亿元。易地扶贫搬迁贷款平均期限21年，平均利率下浮12%[1]。2016年农发行发放贫困地区基础设施贷款2026亿元。国开行以省级投融资主体为贷款对象，按照省级扶贫投融资主体"统一贷款、统一采购、统一还款"的融资模式，对22个省（市、区）承诺贷款

---

[1] 《"搬"出贫困，"贷"动生机——中国农业发展银行成为支持易地扶贫搬迁主力银行》，http://www.banyuetan.org/fpxf/detail/20180813/1000200033137861533468873838897427_1.html。

4466亿元①，向全国23个省份承诺贫困地区农村基础设施建设贷款2662亿元。

第四，证券和保险扶贫取得一定的进展。

自2016年证监会对全国832个贫困县企业IPO、新三板挂牌、发行债券、并购重组等开辟绿色通道以来，据不完全统计，到2018年一季度末全国已有12家贫困县企业通过"绿色通道"发行上市，募集资金共计69亿元。总体来看，证监会为贫困地区企业IPO开辟的绿色通道，尚没有真正起到加快贫困地区企业IPO通过的作用。

在精准扶贫的过程中，各地保险扶贫创新取得了一些积极进展。2016年至今，全国已有6家保险公司在13个省份开展扶贫农业保险试点，开发特惠农险专属扶贫保险产品70个，涉及13省43种农作物，在一定程度上保障了农业产业发展，巩固了产业脱贫成效；山东等地探索在农村新型合作医疗保险的基础上加政府购买的商业医疗保险减小因病致贫的方式；中国保监会和银监会则在探索对扶贫小额贷款用户提供贷款保险，由保险公司与承贷金融机构、地方政府一起分担扶贫贷款的风险。

---

① 《国开行精准扶贫贷款累计发放近5000亿元》，新华网，2017年10月23日，http://news.xinhuanet.com/money/2017-10/23/c_129725160.htm。

（4）动员社会资源参加扶贫

在进一步发挥政府在扶贫资源投入增加中的主导作用的同时，中国也通过其政治制度所蕴含的强大的社会动员能力，整合和动员各方力量合力攻坚。

第一，根据脱贫攻坚时期脱贫重点和难点区域变化和精准扶贫实施的特点，中央政府调整了东西部地区的结对关系，将东西扶贫协作的重点转向贫困深度较大的民族贫困地区，实现了对全国30个民族自治州帮扶全覆盖；同时结合京津冀协同发展战略的规划，确定北京、天津两市与河北省张家口、承德和保定三市的扶贫协作任务；进一步加强了东西部地区县市一级的扶贫协作，实施东部267个经济较发达县（市、区）结对帮扶西部434个贫困县的"携手奔小康"行动。为了保证东西扶贫协作更有效地开展，中央修订了东西扶贫协作考核办法，将协作地区的脱贫任务完成纳入东部地区党委、政府扶贫成效考核中，相应地调整了东西扶贫协作考核的指标，增加东西扶贫协作结果考核的指标，以提高东西扶贫协作的效果。

第二，下沉定点扶贫的重心，各级单位和军队、武警部队定点帮扶更多地直接延伸到贫困村。

第三，引导和支持民营企业参加精准扶贫，创新民营企业扶贫的模式。2015年全国工商联、国务院扶贫办、中国光彩促进会联合启动"万企帮万村"精准扶贫行动，引导广大民营企业通过产业扶贫、就业扶贫、公益扶贫、消费扶贫等形式精准帮扶建档立卡贫困村、贫困户，动员和支持中央企业设立贫困地区产业投资基金，开展"百县万村"扶贫行动。截至2019年12月底，进入"万企帮万村"精准扶贫行动台账管理的民营企业有9.99万家，精准帮扶11.66万个村；产业投入819.57亿元，公益投入149.22亿元，安置就业73.66万人，技能培训111.33万人，共带动和惠及1434.42万建档立卡贫困人口。

第四，整合和动员专业技术和人力资源加强脱贫攻坚。除了前文提到的下派扶贫第一书记和驻村干部直接充实和加强贫困村脱贫攻坚组织力量以外，近年来中国政府和有关部门，根据脱贫攻坚任务的需要，动员和整合专业技术和人力资源，支持贫困地区的脱贫。如医疗卫生系统安排889家三级医院对口帮扶所有贫困县的1149家县级医院；教育系统实施乡村教师支持计划，2017年全国招聘特岗教师约8万人，13个省份实施了地方"特岗计划"，其中云南招聘特岗教师4987名，占该省义务教育阶段专任教师近20%[①]。科技部门、科协、高校和民主党派，都相应地增加了向贫困地区下派专业科技人员的力度。

---

① 东北师范大学中国农村教育发展研究院：《〈乡村教师支持计划（2015—2020年）〉实施评估报告》，2017年9月15日。

（5）利用土地政策助力脱贫攻坚

脱贫攻坚过程，既在易地搬迁和产业发展方面产生对土地供给的新需求，又能通过搬迁和土地整治等置换和增加新的可用土地。土地政策在回应脱贫攻坚产生的土地需求并增加其土地收益方面发挥着重要的作用。2015年以来国土资源部门利用土地政策等工具，满足脱贫攻坚的土地需求，增加贫困地区土地的收益。2015年国土资源部对592个国家扶贫开发工作重点县，单独安排每县新增建设用地指标300亩专项用于扶贫开发；2016年，这一指标增加到每县600亩；2017年将专项安排用地计划指标的贫困县扩大到全部832个县[①]。同时，对宁夏、陕南的生态移民用地，山东、河南黄河滩区的移民搬迁等用地，在规划计划安排上给予先行和全力支持，保障了移民搬迁的用地需要。

2016年国土资源部出台了针对贫困地区的增减挂钩"超常规政策"，允许贫困县将增减挂钩节余指标在省域范围内流转使用；同时将贫困地区增减挂钩指标交易价格，由县域范围内的每亩5万—10万元提高到每亩20万—30万元。据不完全统计，2016年以来

---

① 孙雪东：《用好用活规划政策全力助推脱贫攻坚》，http://www.mlr.gov.cn/wszb/2017/fpydzclt/zhibozhaiyao/201710/t20171009_1609219.htm。

全国增减挂钩节余指标流转收益 1500 亿元（不含重庆地票交易），增加了脱贫攻坚尤其是其中的易地搬迁扶贫可用资金。

4. 创新和实行了可包容多种贫困类型的扶贫方式，拓展精准扶贫的空间

1996 年以来中国各地扶贫部门一直在探索如何实现扶贫到户的有效方式，今天仍在采用的产业扶贫、就业扶贫、易地搬迁扶贫等方式，都是过去多年各地探索和总结出来的到户扶贫方式。但是，几乎所有的到户扶贫方式都存在两个基本的问题：一是任何单一的扶贫方式可适用的扶贫对象有限；二是难以做到精准扶贫。

2014 年以来，中国调整和发展了 1986 年以来一直使用的区域开发扶贫思路，实行根据扶贫对象的条件、特点和需求确定扶贫方式的精准扶贫战略，各地结合实际摸索和试验出更多的、可包容多种不同贫困类型的精准扶贫干预措施及其组合。除了在适宜的条件下继续沿用过去帮助提高贫困人口能力去利用国家发展所创造的机会的方式之外，近年来逐渐探索出多种通过直接创造机会和有条件转移支付等形式来精准扶贫的方式。

（1）以股权、产品和就业连接为主的产业扶贫

中国的产业扶贫，主要有两种形式。一种是在不改变扶贫对象家庭经营条件下，由地方政府和其他帮扶组织提供良种（畜、苗）、生产投入、生产技术、金融、社会化服务、产品销售等方面的支持，来提高农业产生经营效率和效益、增加农户收入的方式，这也是中国自1986年以来一直采用的产业扶贫的主要形式。这种产业扶贫方式，通常既不改变农户土地经营规模和状态，也不改变农户作为农业生产决策和经营主体的角色，因此其扶贫影响仅限于家庭农产品生产经营效率的提高，抵御自然风险和市场风险的能力相对较弱，也不能从根本上突破农户生产管理能力的约束。

另一种产业扶贫，是通过政府支持和外部市场组织的介入，以股权、产品和就业连接等形式，将贫困农户纳入更大的生产经营体系中，重构贫困农户的资源配置，部分或全部改变农户在生产经营中决策和其他方面的地位，也相应地重建了贫困户的收入来源结构和保障体系。这类以股权、产品和就业连接为主的产业扶贫，包括三种基本类型：第一种是贫困户将其所承包的土地、政府提供或政府担保的扶贫贷款，入股或租借给其他专业农业生产经营主体（如涉农公司、专业合作社、家庭农户或农业生产大户），从中获得红

利或租金，同时也会相应地承担风险；第二种是贫困农户通过合约的形式将自己所生产的产品卖给其他涉农公司，获得价格保护，据以分摊市场风险；第三种是其他产业化组织为扶贫对象提供常年或季节性的就业机会，增加贫困户的就业收入。实际中还有将其中两种或三种方式组合的情形。这类以股权、产品和就业连接的产业扶贫形式，是精准扶贫中各地政府高度重视和支持的方式。如贵州六盘水市开展的农村"三变"改革即是其中的一个典型。这类产业扶贫方式的主要优点是：①可以享受土地和资金入股的分红、获得当地就业的机会，增加收入；②部分突破了家庭生产经营能力的限制，借助专业化的生产经营组织，提高效率，从而增加收入；③通过借助外部力量分摊和转嫁风险，提高收入的稳定性。当然，这类产业扶贫形式，也隐含了一定的风险。这包括入股经营主体的生产经营风险和土地使用权转让之后减少回归家庭农业机会的风险。地方政府在支持发展以股权、产品和就业连接为主的产业扶贫的同时，需要未雨绸缪，帮助扶贫对象提早防控和减少这些方面的风险。

（2）需求导向的就业扶贫

扶贫对象中有相当部分劳动力，由于家庭或个人方面的种种原因，或者不能或无力到离家远的地方就业，或者不能依靠自己的能力出外找到合适的就业机会。这部分贫困劳动力在正常市场条件下，很难通过就业脱贫。近几年各地探索出一些瞄准扶贫对象需要的就业扶贫方式，这些包括：①东西部协作为扶贫对象定向安排就业，主要是根据可外出就业劳动力的特点和能力，推荐合适的工作岗位，并提供其他方面的帮助；②东部协作地区或其他地区具有比较成熟的生产、管理体系和稳定市场的企业，在贫困地区（村）直接创办扶贫车间，安排贫困户劳动力就近就业；③在贫困村根据社区公共服务的需要，直接为贫困户劳动力提供诸如环境卫生、道路养护等方面的公益岗位。此外，前面所述的产业扶贫也可以为部分扶贫对象提供就近就业的机会。

（3）结合国家产业政策和地方资源优势发展的扶贫方式

将符合国家产业政策，具有优势的地方资源和产业开发与精准扶贫结合起来，一方面促进贫困地区地方资源和产业的开发，另一方面又能使扶贫对象从中受益，是近几年中国脱贫攻坚中扶贫创新的一个重要方向。这几年探索和发展起来的旅游扶贫、资产收益扶贫、光伏扶贫是其中的典型。

中国贫困地区蕴含丰富的自然景观、生态、民族文化和红色等旅游资源，开展旅游扶贫，将各地旅游资源的开发与扶贫有机结合起来。过去两年的实践，已经证明了中国旅游扶贫产生了显著的脱贫效果①。

通过支持贫困地区如小水电等自然资源开发与相关产业发展，并使由此形成的资产收益部分惠及贫困村和贫困人口，实现资产收益扶贫，是中国精准扶贫过程中探索并实行的一种新的扶贫方式。

光伏扶贫则是一个结合国家新能源发展战略和贫困地区优势资源开发实行的精准扶贫方式。利用贫困地区闲置的土地资源和丰富的光热资源，发展光伏产业，一方面推动国家清洁能源的发展，另一方面让扶贫对象和贫困村集体分享国家光伏产业发展优惠政策的红利和当地资源开发所产生的资产收益。

（4）治病和减负结合的健康扶贫

治病难、治病贵是因病致贫的主要原因。中国在健康精准扶贫中，将帮助扶贫对象中患有重病、大病和慢性病的患者治病和减轻患者家庭的治病支出结合起来，解决了长期存在的治病难、治病贵的问题。在治病方面，全国卫生计划生育系统通过对全国所有扶贫对象的摸底调查，摸清了建档立卡扶贫对象患病的类型、程度，帮助患者建立了健康档案，并让乡村医生与所有因病致贫扶贫对象签约提供日常的健康服务，解决看病不便问题；同时通过全国三甲医院与所有贫

---

① 《国家旅游局发布〈全国乡村旅游扶贫观测报告〉》，《中国旅游报》2016年8月18日。

困县建立对口联系、远程诊断和咨询等形式，解决贫困县医疗技术力量不足和水平较低的问题。在减负方面，通过减免扶贫对象参加新农合的个人缴费、新农合报销、大病保险和医疗救助等政策，大幅度减少了扶贫对象看病治病的费用。如山东等省还在上述优惠政策的基础上，由政府和保险公司合作为扶贫对象再购买一次医疗保险。

（5）生态环境保护与补偿、公益岗位就业结合的生态保护脱贫

在生态脆弱地区和重点生态环境保护区域，各地探索出了通过提高生态环境保护补偿，提供生态环境保护公益岗位等形式，帮助辖区内扶贫对象在不搬离居住地的条件下，参加生态环境保护，实现增收和减贫。

（6）移民安置和生计安排相结合的易地移民扶贫

中国自1982年开始实行有组织的易地移民扶贫以来，对于如何有效动员和安置搬迁的贫困人口，已经积累了比较丰富的经验。但是，在30多年的移民扶贫中，也暴露出重移民安置、轻生计安排的弊端，一些地区甚至是一搬了之，将移民的生计出路交由移民自己和市场去解决。自脱贫攻坚开始以来，各地更进一步意识到只有将移民安置和生计安排结合起来解决，易地移民扶贫才能起到完成脱贫攻坚任务的作用。因

此，在移民安置时更多地同步考虑通过产业扶贫、就业扶贫等方式，帮助搬迁扶贫对象增收脱贫，创造出了移民安置与生计安排结合的易地移民扶贫方式。

（7）差异化的社会保障兜底扶贫

社会保障兜底扶贫，如何做到既能兜底又不致形成福利依赖，是一个国际性难题。近年来各地在实践中逐渐摸索出了一些好的社保兜底的做法。如青海省将低保对象按照家庭主要成员劳动能力，划分为家庭主要成员完全丧失劳动能力或生活自理能力的重点保障户、家庭主要成员部分丧失劳动能力或生活自理能力的基本保障户和其他原因造成家庭人均收入低于当地保障标准的一般保障户，分别确定不同的低保补助水平。有些地区探索出将家庭主要成员有一定劳动能力扶贫对象享受低保与其参加公益劳动或其他开发性扶贫活动联系起来。

四 中国减贫成就及其对国家发展和世界减贫的贡献

(一) 中国的减贫成效

1. 贫困人口减少

1978年以来,中国在减少贫困人口、提高居民生活质量方面取得了重大的进步。按照2010年不变价农民年人均纯收入2300元扶贫标准,中国农村贫困人口,从1978年的7.7亿人减少到2019年的551万人,减少了76488万人(99.3%);同期农村贫困发生率,从97.5%下降到0.6%,降低了96.9个百分点(表6)。按照世界银行2011年1天1.9美元购买力平价的贫困标准,中国贫困人口从1981年的87532万人,减少到2016年的717万人,减少了86815万人

（99.2%）；同期贫困发生率，从88.07%降低到0.52%，降低了87.55个百分点。中国改革开放后不到40年的时间内，在减缓贫困方面取得了中国历史上数千年都没有取得的巨大成就，这样的减贫成就在人类发展的历史上也是十分罕见的。这既是中华民族进步的重要标志，也是对改善人类生存权和发展权的卓越贡献。

表6　1978—2019年中国农村贫困变化（按2010年贫困标准）

年份	农村贫困人口（万人）	贫困发生率（%）
1978	77039	97.5
1980	76542	96.2
1985	66101	78.3
1990	65849	73.5
1995	55463	60.5
2000	46224	49.8
2005	28662	30.2
2010	16567	17.2
2011	12238	12.7
2012	9899	10.2
2013	8249	8.5
2014	7017	7.2
2015	5575	5.7
2016	4335	4.5
2017	3046	3.1
2018	1660	1.7
2019	551	0.6

资料来源：国家统计局住户调查办公室：《中国农村贫困监测报告（2019）》，中国统计出版社2019年版；《中华人民共和国2019年国民经济和社会发展统计公报》，国家统计局，http://www.stats.gov.cn/tjsj/zxfb/202002/t20200228_1728913.html。

当然，我们也应该清醒地看到，中国现行贫困标准还仅仅略高于世界银行 2011 年购买力平价 1 天 1.9 美元的低贫困标准。如果使用 1 天 3.2 美元（2011 年 PPP）的贫困标准，到 2016 年中国还有 5.38% 的人口处于贫困状况。

2. 生活质量改善

（1）物质生活条件

交通、通讯、用电、饮水等物质生活条件匮乏，既是重要的致贫因素，同时也是贫困的重要表征。通过实行国家整体发展规划和大规模瞄准贫困地区的专项扶贫开发，中国在改善包括贫困地区在内的全国农村交通、通讯、用电、安全饮水等物质生活条件方面，取得了十分显著的进步，基本物质生活条件贫困状况得到缓解。

①交通

中国农村的道路交通条件改善十分显著，贫困地区也基本同步受益。到 2010 年全国 99% 以上的行政村都通了公路，国家统计局监测贫困地区 99.5% 的行政村通了公路。[1] 2010 年以后中国农村公路进一步延伸

---

[1] 国家统计局住户调查办公室：《2019 年全国农村贫困监测调查主要结果》，内部报告。

到自然村落并且更多的到组公路得到了硬化，交通状况进一步改善。据国家统计局贫困监测资料，到2019年全国贫困地区99.5%的自然村主干路面经过了硬化处理，有76.5%的自然村通客运班车，贫困地区农民的交通出行困难基本得到了解决。

②通讯

中国包括贫困地区在内全国农村的基本通讯条件明显改善，城乡间基础通讯硬件的鸿沟基本消失。到2015年全国农村电话和手机通讯服务基本上已覆盖所有的村组，移动宽带设施已覆盖了全国69万个行政村的64万个，农民户均拥有2.26部移动电话。全国贫困地区100%的自然村已通电话，97.3%的自然村已安上了宽带，平均每个农户有2.6部手机。可以说，贫困地区农民对外信息交流的基础硬件设施已经具备，为缩小城乡间的数字鸿沟奠定了基本的物质基础。

③供电

中国包括贫困地区在内全国农村生活用电已经解决。贫困地区除了极少数自然村采取太阳能供电以外居民生活用电已全部得到了稳定的解决。

④饮水

中国农村居民的饮水安全基本得到保障。到2019年全国几乎所有的农村人口已用上了受保护水源供应的改良饮用水。贫困地区96%的农户饮水困难[1]已经解决,89.5%的农户使用管道供水。当然,中国农村仍有相当一部分农民还不能获得稳定、安全的饮用水。

⑤住房安全

中国农民的住房条件显著改善,住房安全得到保障。全国农民人均住房面积,从1978年的8.1平方米,增加到2018年的47.3平方米。全国农村居民人均住房价值,从1981年的160元增加到2012年的25300元。[2] 住房已成为农民主要的物质资产。不同收入组农户住房差距远小于他们之间的收入差距。2014年全国农村贫困人口人均住房面积27.4平方米,相当于全国农民平均的64.5%;2018年全国农村贫困人口中住房为钢混或砖混结构的比例为67.4%,比全国农民平均比例低3.8个百分点。[3] 2019年全国贫困地区农户户住房为竹草土坯房的比例降低到1.2%。

(2) 基本公共服务

①医疗和健康

中国贫困地区农村医疗服务可及性显著提高,居民健康水平大幅度提升。据国家统计局贫困监测调查

---

[1] 饮水困难标准是指居民点到取水点的水平距离大于1公里或垂直高差超过100米,正常年份连续缺水70—100天。
[2] 国家统计局,http://data.stats.gov.cn/easyquery.htm?cn=C01。
[3] 国家统计局住户调查办公室:《中国农村贫困监测报告(2019)》,中国统计出版社2019年版。

资料显示，2019年全国所有贫困地区乡镇都配有公立医院，96.1%的行政村设有卫生室及合法行医证的医生或卫生员，农民就近看病问题已基本解决。

由于居民可支配收入水平提高，医疗服务条件改善和健康预防与保障制度的不断健全，中国居民的健康水平在过去20多年实现了大幅度提升。从1991年到2018年，全国婴儿死亡率和5岁以下儿童死亡率，分别从50‰和61‰大幅度降低到6.1‰和8.4‰；同期孕产妇死亡率从80/10万降低到18.3/10万（图12）。

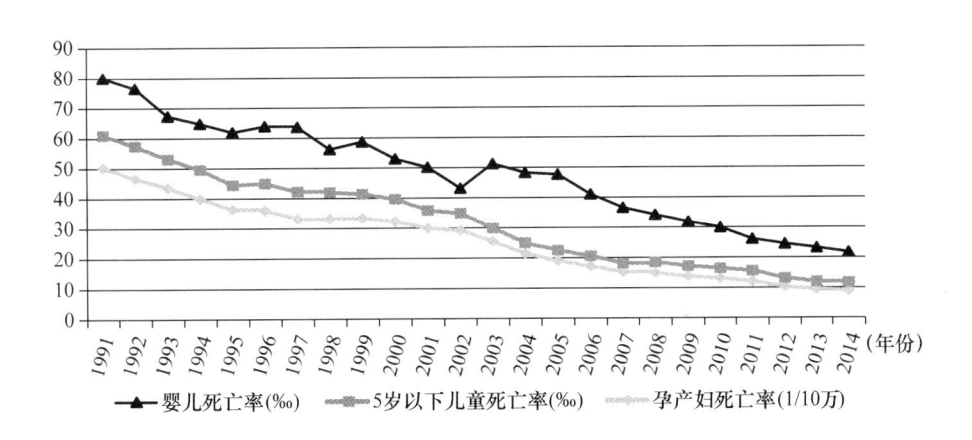

图12 1991—2018年中国妇幼健康状况

资料来源：国家统计局，http://data.stats.gov.cn/easyquery.htm? cn = C01。

营养水平提高、医疗技术和服务的进步，中国居民出生时的平均期望寿命，从1980年的66.5岁延长到2014年的75.8岁，增加了9.3岁（图13）。同期男性和女性的期望寿命分别延长了9.2岁和9.3岁。

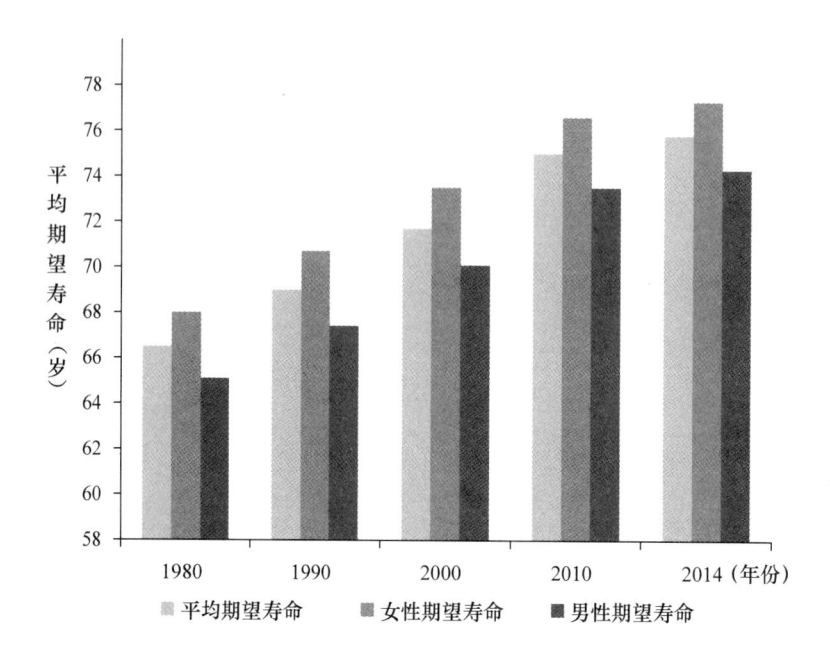

图13 中国人口出生时期望寿命变化

资料来源：国家统计局，http://data.stats.gov.cn/easyquery.htm?cn=C01。

②教育和人口素质

通过实施《义务教育法》，改善教学条件，减免义务教育阶段学生学费，在全国普及义务教育，并且在贫困地区通过提供农村中小学生寄宿和营养餐补助以及各种助学行动，中国人口教育程度和素质不断提高。根据人口普查资料，中国15岁及以上人口的文盲率，从1982年的34.5%，降低到2010年的不到5%；而且男女之间文盲率的差距显著缩小，从1982年男女相差28个百分点，缩小到2010年相差4.8个百分点（图14）。

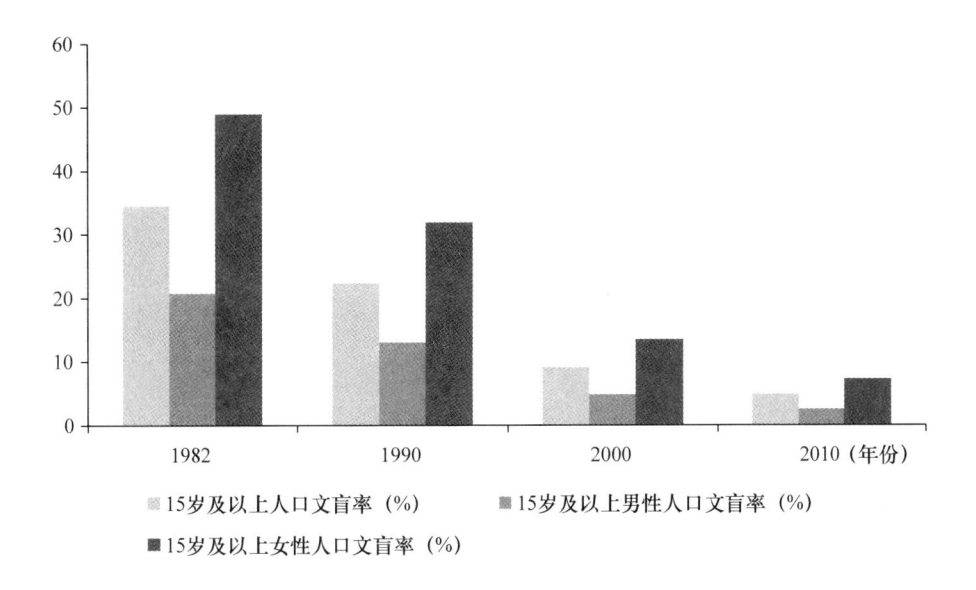

图14　1982—2010年中国15岁及以上人口文盲率变化

资料来源：国家统计局，http：//data.stats.gov.cn/easyquery.htm? cn = C01。

③社会保障和脆弱性改善

到2018年年底，全国基本医疗保险实现全覆盖，城乡居民基本养老保险参保率超过95%。据国家统计局贫困监测统计，2013年中国贫困地区农民参合率达到90%，参加农村新型养老保险人数占总人口的49%。[①] 2014年贫困地区人均养老金、社会救济和补助、报销医疗费分别为人均299元、125元和119元，三项收入合计占当年贫困地区农民人均可支配收入的7.1%，占当年贫困地区农民人均可支配收入增量的16.9%。

---

① 国家统计局住户调查办公室：《中国农村贫困监测报告（2015）》，中国统计出版社2015年版。

（二）中国脱贫攻坚成效及对国家发展的贡献

中国现在正在进行的脱贫攻坚，是中国也可能是人类历史上罕见的以消除特定标准绝对贫困为目标的大规模脱贫战略行动。中国共产党和中国政府，精心设计了保障目标实现的脱贫攻坚的战略、实施计划和行动方案，组织和动员了规模空前的人力、物力、财力等多方面资源用于脱贫攻坚。同样地，中国通过脱贫攻坚所取得的成效也是多方面和历史性的。由于现在脱贫攻坚尚未结束，还有许多深层次和潜在的影响目前难以全面准确评价。这里仅就现在可以观察到的效果和影响，对中国脱贫攻坚的成效进行讨论和分析。

1. 在不利的国内外经济环境下实现了贫困人口数量的较大规模持续减少

2012 年以后受国际经济形势变化和国内增长方式调整的影响，中国经济进入了新常态。从 2014 年至 2018 年中国人均 GDP 年增长速度为 6.2%，比 2012 年前 10 年平均增速下降了 3 个百分点。经济增速大幅下降，使得经济增长对减贫的自动拉动作用明显降低。

在经济增长速度下降带来对减贫不利影响的同时，经过前 30 多年快速减贫的过程，中国减贫的势能也在减弱，剩余贫困人口脱贫的难度越来越大。在这样严峻的国内外经济形势和脱贫形势下，过去4年全国农村贫困人口减少了5024万人，每年减少1256万人（见图15）。这充分说明最近几年中国实施的精准扶贫、精准脱贫系列措施，通过政府和社会多方面的努力，有效冲抵了经济增速放缓和减贫难度加大对脱贫进程的不利影响。中国继过去30多年创造出通过有效管理发展过程实现持续减贫的中国经验之后，现在又在试验和探索在宏观经济环境不利条件下对剩余少量贫困人口进行脱贫攻坚的做法方面取得了新的重要进展。最近4年的脱贫进程表明，中国在脱贫攻坚方面取得了决定性的成就。

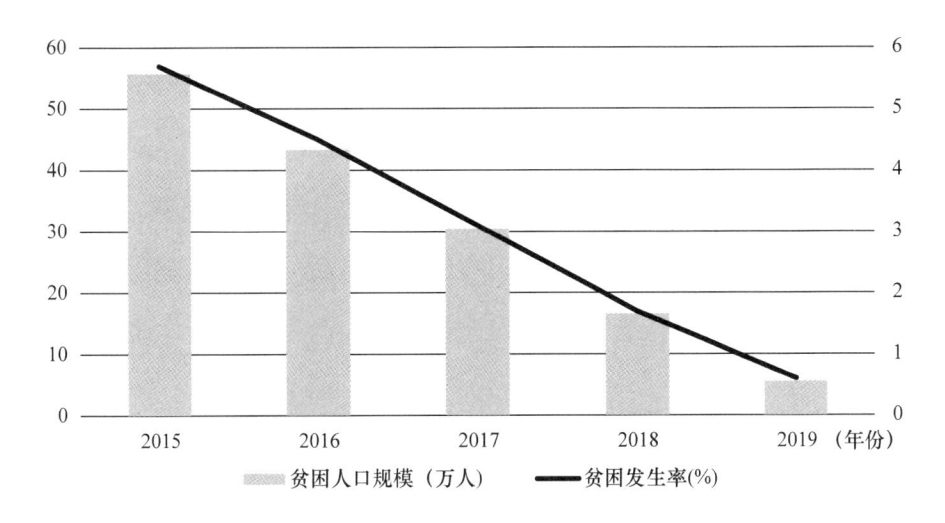

图15 2015—2018年农村贫困人口和贫困发生率

数据来源：国家统计局住户调查办公室：《中国农村贫困监测报告（2018）》，中国统计出版社2018年版。

相应地中国现行标准下农村贫困发生率，从 2015 年的 5.7% 持续稳定降低到 2018 年的 1.7%。中国减贫的速率在世界范围内是罕见的。

2. 贫困县数量显著减少

2016 年以来，中国共有 780 个贫困县经过合法的程序，经过申请、内部审核、国家专项评估检查或抽查，由所在省政府正式批准退出贫困县。全国贫困县数量，从 832 个减少到 2019 年年底的 52 个，减少了 93.75%。这是中国自 1986 年设立国家贫困县以来通过合法程序正式有成批的贫困县退出[①]。这么多贫困县脱贫摘帽，不仅具有重要的指标意义，标志着中国贫困县数量开始出现绝对数量上的减少；而且拉开了通过合法程序解决区域性整体贫困问题的序幕。贫困县退出，客观上打破了片区的整体性，在解决区域性整体贫困方面迈出了坚实的步伐。全国中西部地区中，除了甘肃、新疆、宁夏、四川、云南、贵州和广西 7 省区以外的 15 个省（市、自治区）已经实现了所有贫困县摘帽。

[①] 在"八七扶贫攻坚计划"时期中央政府曾经通过政策调整，让东部地区的贫困县不再享受国家扶贫优惠政策，由各省自己负责，实际上属于政策性的贫困县调整，但这些贫困县从国家贫困县退出后多数都由各省接管扶持，且未经过像现在这样的严格合法程序正式宣布退出。

3. 贫困地区基本公共服务可及性明显提高

实现贫困地区基本公共服务达到或基本接近全国平均水平，是中国脱贫攻坚的重要目标和任务之一，也是贫困退出评估考核的一项重要指标。脱贫攻坚以来，各地围绕基本公共服务基本均等化的目标，进一步强化了基本公共服务设施和服务的改进力度，较快地提高了贫困地区基本公共服务的可及性水平，使贫困人口享有的基本公共服务得到了进一步的改善。

据国家统计局贫困监测资料，从 2015 年至 2018 年，贫困地区交通、通信、安全饮水、垃圾处理、教育和医疗服务的可及性，都有了明显的提高（图 16）。其中通公路、通电话、通有线电视已达到或接近达到所有农户全覆盖，基础教育和村医疗服务基本接近全覆盖，管道供水和垃圾处理覆盖率在 3 年间有了大幅度提高。贫困地区和全国农村平均基本公共服务的差距，迅速大幅度缩小。

通过脱贫攻坚期间的努力，贫困地区基本公共服务水平得到明显提升。从已摘帽贫困县的评估数据来看，贫困地区建档立卡贫困户和非贫困户总体上都达到了饮水安全、义务教育、基本医疗和住房安全有保障的状态。由于缺乏可靠的基本公共服务全国统计资料，无法全面分析脱贫攻坚以来全国基本公共服务的

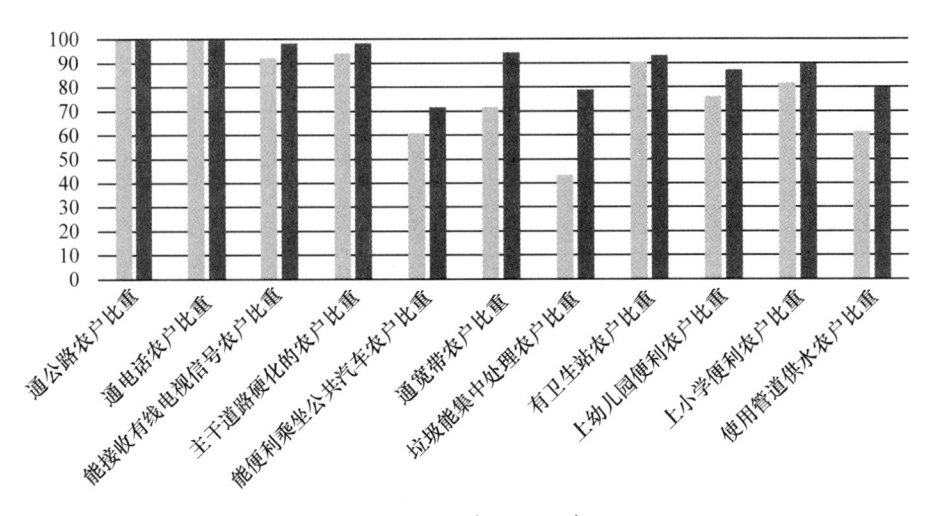

图16 2015年和2018年贫困地区基本公共服务可及性（%）

数据来源：国家统计局住户调查办公室：《中国农村贫困监测报告（2018）》，中国统计出版社2018年版。

整体改善情况。仅从学龄儿童小学净入学率来看，2015年至2018年全国小学净入学率（学龄儿童入学率），从99.88%上升到99.95%，提高了0.07个百分点。同期贫困人口和贫困县占比较大的西藏、广西、甘肃、云南、贵州等省小学净入学率增幅都超过全国平均水平的2倍以上。省间小学净入学率的标准差，从2015年的0.259大幅缩小到2018年的0.114，表明在整体水平提高的同时，地区间差距在显著缩小。这一进步从一个侧面说明包括教育扶贫在内的干预措施，明显推进了教育服务的均等化。

4. 促进了民族的振兴

中国有712个民族自治县（包括民族自治县和5个民族自治区与30个自治州内的县），其中有贫困县417个，占58.6%。少数民族自治县中贫困县占比为全国县市中贫困县平均占比（全国贫困县占县级区划单位数的29.2%）的2倍。而且少数民族贫困县的贫困深度较严重，全国深度贫困县主要集中在少数民族聚居的"三区三州"。少数民族地区和少数民族贫困人口是中国脱贫攻坚的重点和难点。

截至2018年，中国已有200个少数民族贫困县成功摘帽，占到少数民族贫困县的48%，占全国已摘帽县总数的45.9%。也就是说到2018年全国少数民族自治县已有70.7%摆脱了贫困，实现了农民生活"两不愁三保障"，基本公共服务达到或接近全国平均水平的标准。这意味着全国大多数少数民族自治县在完成社会主义改造和实现民族自治以后，又摆脱了长期困扰他们的物质贫困和基本公共服务短缺，真正迈入了民族复兴的轨道。

由于历史的原因，中国相当部分少数民族居住在远离社会经济中心的偏远地区，社会经济发展水平相对偏低，部分民族在新中国成立以前仍处于奴隶制社会甚至原始社会。新中国成立以后，经过社会主义改造和建设以及后来的改革开放，中国多数少数民族地区社会经济发展和人民生活水平，都有了长足的进步。但是，长期制约少数民族发展的基础设施和社会经济发展瓶颈，仅仅依靠常规的援助和支持难以真正打破。直到脱贫攻坚之前，仍有相当数量的少数民族自治县存在交通、电力、通信等基础设施落后，教育、医疗和文化设施和服务能力严重不足，农民物质生活贫困等情况。脱贫攻坚开始以后，党和政府一方面采取超常规的举措，集中力量攻克长期制约少数民族地区发展的基础设施、公共服务和经济发展瓶颈，包括一些需要大规模投资的交通、能源、供水等基础设施建设和易地移民工程；另一方面又因地制宜采取了多种增加少数民族农民收入、改善其饮水安全、义务教育、基本医疗和住房安全保障能力的政策和措施，帮助他们摆脱了现行标准下的绝对贫困，从而帮助这些少数民族贫困地区实现了民族发展历史上的巨大跨越。在迄今为止已摘帽的少数民族贫困县中，既有人口规模较大的藏族、蒙古族、回族、维吾尔族、彝族、苗族、瑶族等少数民族聚居县，也有人口较少民族如土族、锡伯族、仡佬族、拉祜族、撒拉族等民族自治县。其中，到 2019 年 12 月 9 日，西藏自治区全境 74 个贫困县实现全部脱贫摘帽，意味着在解放前仍处于农奴制社会的西藏整体上摆脱了现行标准下的贫困。脱贫摘帽全面改变了这些民族的发展条件和面貌，使他们能够和全国人民一起跨入小康社会。

5. 促进和支持了边境地区的巩固与稳定

中国是一个边境线漫长的国度。全国有9省140个县分布在边境线上。边境县农民的生活状况和社会经济发展水平，不仅关系到他们自身的福祉，也关系到边境的安全和稳定。在140个边境县中，有72个贫困县，占到全部边境县的一半以上。脱贫攻坚以来全国已有48个边境贫困县，占边境贫困县总数的2/3，已经实现了摘帽。这不仅改善了边境地区的基础设施和公共服务，推进了其区域和农村社会经济的发展，提高了当地农民的收入和生活水平，而且通过稳定边境地区人民的生活和情绪、促进边境社会的安定团结，支持和促进了边境地区的巩固和稳定。从这个意义上说，边境地区的脱贫攻坚同时发挥了国防工程的作用。

6. 缩小了中国居民间和区域间收入与发展差距，在一定程度上缓解了中国新时代社会的主要矛盾

居民间和区域间的收入和发展差距过大是中国当前发展不平衡、不充分最突出的表现和重要方面。脱贫攻坚，充分发挥中国社会主义制度能够集中力量办大事的优势，通过集中资源、群策群力、因地制宜和

不断创新，在较短的时间内，使处于底层的贫困户收入得到较快的增长，使贫困地区的基础设施、基本公共服务和社会经济发展能力得到较快的改善，从而起到缩小农村居民间和区域间收入和发展差距的作用，在一定程度上缓解了中国新时代社会的主要矛盾。

（1）缩小了建档立卡贫困户与全国农民平均收入的差距

脱贫攻坚通过采取特殊的优惠政策和帮扶，帮助贫困户在较短的时间内增加收入、摆脱贫困，直接缩小了建档立卡贫困户与全国农民平均收入的差距。据对2018年脱贫的1522.1万建档立卡贫困人口统计，人均纯收入达到7237元，超过当年贫困标准的1.4倍，较快地缩小了贫困户与全国农民平均收入之间的差距。

（2）缩小了贫困县与全国平均农民收入的差距

脱贫攻坚以来，全国贫困县农民人均可支配收入，从2015年的7653元增加到2018年的10371元，名义增长了35.5%；同期全国农民人均可支配收入名义增长了28%。贫困地区农民人均可支配收入名义增长率比全国农民平均增速高了7.5个百分点，导致贫困县与全国人均可支配收入的比值（以全国平均为100），从2015年的67%提高到2018年的71%，每年提高了1.33个百分点，是2000年以来贫困县与全国农村居民平均收入差距缩小最快的时期（图17）。在国民经济增长速度明显放缓的时期，贫困县与全国农村居民平均收入差距缩小能够取得这样好的成绩，主要应该归功于脱贫攻坚所采取的一系列增加贫困地区农民收入的政策和举措。

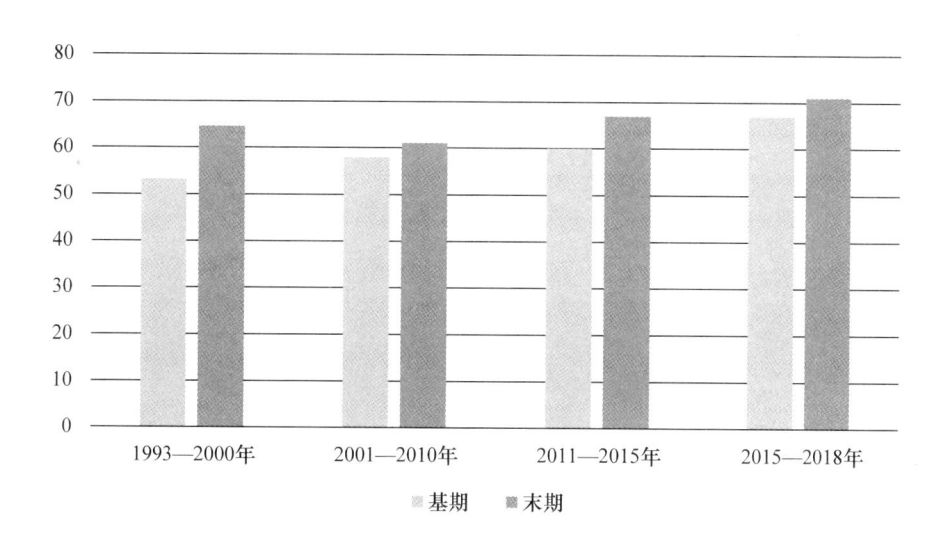

图17　不同扶贫时期贫困县农民人均收入相对全国平均水平（%）

数据来源：根据《中国农村贫困监测报告》历年数据；国家统计局网站，http://data.stats.gov.cn/easyquery.htm?cn=C01。

从分项收入的相对和绝对差距变化来看，从2015年至2018年，贫困县与全国农民人均可支配收入的比值（以全国平均为100）提高了4个百分点，他们之间的绝对差距则扩大了12.7%（表6）；贫困县与全国农民平均的家庭经营收入的比值保持不变，但其绝对收入差距扩大了20.3%；贫困县与全国农民平均工资性收入的比值提高了 4 个百分点,他们之间的绝对差距扩大了 15.9%;贫困县与全国农民平均财产性收入的比值提高了 3 个百分点,其绝对差距扩大了 28.9%;贫困县与全国农民平均转移性收入的比值提高了 10 个百分点,他们之间的绝对差距缩小了 41.6%。

表 6　　　　2015—2018 年贫困县与全国农民平均收入差距

	贫困县相当于全国平均(%)		全国平均与贫困县绝对差距(元)	
	2015	2018	2015	2018
人均可支配收入	0.67	0.71	3769	4246
人均工资性收入	0.56	0.60	2044	2369
人均经营性收入	0.73	0.73	1222	1470
人均财产性收入	0.37	0.40	159	205
人均转移性收入	0.83	0.93	344	201

数据来源:国家统计局住户调查办公室:《中国农村贫困监测报告(2018)》,中国统计出版社 2018 年版;国家统计局网站,http://data.stats.gov.cn/easyquery.htm? cn=C01。

7. 加速了中国 2030 年可持续发展目标实现进程

脱贫攻坚,是为了确保到 2020 年中国现行标准下农村贫困人口实现脱贫、贫困县全部摘帽、解决区域性整体贫困而采取的一整套战略行动。其直接目标是消除现行标准下的绝对贫困,但是由于同时将贫困县摘帽和解决区域性整体贫困作为共同目标,脱贫攻坚事实上成为了中国解决贫困地区发展问题乃至部分事关全国的发展问题的综合干预行动。事实表明,脱贫攻坚明显加速了中国2030年可持续发展目标的实现进程。

联合国制定的2030年可持续发展目标，包括17项具体目标。脱贫攻坚，除了对其中的一项——保护和可持续利用海洋和海洋资源目标方面没有直接影响之外，对其他16项目标的实现都产生了不同程度的作用。表7简述了脱贫攻坚对中国2030年可持续发展目标实现的作用，下面再就脱贫攻坚对实现中国2030年可持续发展几个重要目标的贡献做进一步的阐述。

（1）脱贫攻坚将使中国提前10年完成消除贫困的目标。按照世界银行每人每天1.9美元的标准，中国现在已经基本消除了贫困。按照中国现行扶贫标准，到2020年也将能基本消除绝对贫困，比联合国可持续发展目标计划的到2030年消除贫困的时间提前了整整10年，这将有力地推进全球可持续发展目标中消除贫困目标的实现进程。

（2）脱贫攻坚建立和实现了贫困地区农民基本医疗保障，探索打破贫困与疾病恶性循环的有效方式，加快了全面享有健康目标的实现进程。实施健康扶贫工程，使1390多万患有慢性病和大病的扶贫对象享受到了医疗救治和服务，在贫困地区初步建立了比较完整的医疗服务和保障体系，为实现可持续发展目标中的健康目标打下了良好的基础。

（3）脱贫攻坚，通过教育扶贫举措，加快了中国实现包容、公平教育的进程，为最终实现包容、公平的高质量教育目标，创造了有利的条件。贫困地区和贫困人群是实现包容、公平教育目标的难点。脱贫攻坚，率先致力于解决贫困地区和贫困户子女教育面临的教育可及性和教育负担问题，为最终实现包容、公平的高质量教育，打下了有利的基础。

（4）脱贫攻坚，促进了贫困地区供水和环境卫生的改善，加快了中国实现为所有人提供水和环境卫生目标的实现进程。脱贫攻坚，将保障所有人获得安全饮水作为贫困退出的约束指标，基本解决了中国饮水安全问题解决难度最大的贫困地区的安全饮水问题；同时通过实施贫困地区农村人居环境整治三年行动计划，在一定程度上解决了这些地区的生活垃圾处理和改厕等环境卫生问题。这些努力大大加快了中国实现为所有人提供水和环境卫生目标的实现进程。

（5）脱贫攻坚，事实上支持和推动了中国清洁能源的使用。中国制定和实施了《"十三五"光伏扶贫计划》，在有条件的贫困地区建设了光伏电站。据统计，截至2018年8月31日，已在全国26个省建成并网光伏扶贫项目1363万千瓦，约占全国光伏发电规模的10%。光伏扶贫，事实上起到了推动中国清洁能源扩大使用的作用。

（6）脱贫攻坚，通过新增和分配就业机会，为实现充分的生产性就业目标做出了积极贡献。脱贫攻坚，通过在贫困地区发展依托当地资源的优势产业、建立扶贫车间、设立公益岗位等方式，为贫困户新增加了较大数量的就业机会；同时通过东西协作等方式帮助贫困劳动力获得了一定数量的外出就业机会，为中国实现充分的生产性就业做出了积极贡献。

（7）脱贫攻坚，大幅度改善了贫困地区的交通、电力、通信、网络等基础设施建设，加快了中国基础设施建设的进程。脱贫攻坚期间，中国在贫困地区建设了一批大型基础设施和大量的乡村基础设施，也改善了农村基础设施末端服务的能力。

（8）脱贫攻坚，减少了中国居民间、地区间和民族间的收入和发展能力不平等，推进了减少不平等的进程。

（9）脱贫攻坚，基本解决了中国贫困地区的住房安全保障问题，较大地加快了中国实现建设包容、安全、有抵御灾害能力和可持续的城市和人类住区目标的进程。在脱贫攻坚期间，中国通过易地搬迁扶贫和危房改造等项目，使1千多万贫困人口搬迁住进新房，还完成了近500万贫困户的危房改造，基本解决了中国贫困地区的住房安全保障问题，较大地加快了中国实现建设包容、安全、有抵御灾害能力人类住房目标的进程。

（10）脱贫攻坚，在贫困地区实施退耕还林还草工程，开展荒漠化治理遏制土地退化，有力地支持和推动了中国保护、恢复和促进可持续利用陆地生态系统的工作。

表7　脱贫攻坚对中国2030年可持续发展目标实现的贡献

	2030年可持续发展目标和任务	脱贫攻坚对实现我国2030年可持续发展目标的作用
目标1	在全球消除一切形式的贫困	脱贫攻坚以实现到2020年消除现行标准下的绝对贫困作为目标
目标2	消除饥饿，实现粮食安全，改善营养状况和促进可持续农业	增加饥饿脆弱贫困人群收入，实施贫困地区学校免费营养餐和儿童营养餐项目
目标3	确保健康的生活方式，促进各年龄段人群的福祉	实施健康扶贫工程，改善贫困地区医疗服务条件，减少贫困患者医疗负担，实行慢病签约服务
目标4	确保包容和公平的优质教育，让全民终身享有学习机会	实行教育扶贫，使贫困地区实现义务教育有保障；在贫困地区发展学前教育以及在其中的少数民族地区推广学前学会普通话活动等
目标5	实现性别平等，增强所有妇女和女童的权能	就业扶贫和健康扶贫为贫困妇女提供就业机会与医疗卫生保障，教育扶贫为贫困女童提供公平的受教育机会
目标6	为所有人提供水和环境卫生并对其进行可持续管理	将保障安全饮水作为贫困退出的考核指标，推进贫困地区农民安全饮水问题的全面解决；开展贫困地区农村人居环境整治三年行动，重点推进农村生活垃圾治理、卫生厕所改造
目标7	确保人人获得负担得起的、可靠和可持续的现代能源	实施《"十三五"光伏扶贫计划》，将推广使用光伏发电作为增加贫困村集体和贫困户收入的重要举措
目标8	促进持久、包容和可持续的经济增长、促进充分的生产性就业和人人获得体面工作	通过产业扶贫、就业扶贫、东西扶贫协作等方式，为贫困户创造和提供就业机会

续表

	2030年可持续发展目标和任务	脱贫攻坚对实现我国2030年可持续发展目标的作用
目标9	建设具备抵御灾害能力的基础设施，促进具有包容性的可持续工业化，推动创新	改善贫困地区的交通、电力、通信、网络等基础设施
目标10	减少国家内部和国家之间的不平等	通过提高贫困人群和贫困地区的收入和发展水平，直接减少中国人群间、地区间和民族间的不平等
目标11	建设包容、安全、有抵御灾害能力和可持续的城市和人类住区	通过易地搬迁扶贫和贫困地区住房安全保障项目，改善和保障住房脆弱人群的住房安全
目标12	采用可持续的消费和生产模式	将精准扶贫与生态环境保护结合起来，发展有利于环境友好的农业产业，同时以扶贫支持生态环境的保护
目标13	采取紧急行动应对气候变化及其影响	通过易地搬迁扶贫减轻对脆弱环境的压力，在贫困地区实施退耕还林还草工程
目标14	保护和可持续利用海洋和海洋资源以促进可持续发展	没有直接影响
目标15	保护、恢复和促进可持续利用陆地生态系统，可持续管理森林，防治荒漠化，制止和扭转土地退化，遏制生物多样性的丧失	在贫困地区实施退耕还林还草工程，开展荒漠化治理遏制土地退化
目标16	创建和平、包容的社会以促进可持续发展，让所有人都能诉诸司法，在各级建立有效、负责和包容的机构	减少和消除现行标准下的绝对贫困，缩小人群间和地区间的收入差距，推进社会的包容发展
目标17	加强执行手段，重振可持续发展全球伙伴关系	通过与其他发展中国家分享中国的减贫经验，促进人类命运共同体的建立与发展

资料来源：2030年可持续发展目标来自联合国网站，https：//www.un.org/sustainabledevelopment/zh/sustainable-development-goals/。

8. 中国在较短时间内基本消除了每人每天1.9美元标准下的绝对贫困，为世界减贫做出了新的贡献

从国际经验来看，贫困发生率大规模下降困难，要从10%稳定降低到3%甚至1%以下同样很难。当贫困发生率降低到一定低的程度，扶贫对象的识别、锁定和帮扶都会趋于困难。据历史资料，按每人每天1美元购买力平价标准（2005年价格），西方主要发达国家贫困发生率从10%降低到3%以下，除了日本只用了10年左右时间以外，其他主要西方发达国家都耗时30年至70年（表8）。据对世界银行世界发展指标（*world Development Indicators*）中137个数据完整国家1981年以来贫困变动的统计分析，在137个国家中，按照2011年购买力平价每人每天1.9美元的标准，只有29个国家贫困发生率在此期间一直低于3%；有65个国家贫困发生率一直高于10%；有21个国家虽然贫困发生率降到过10%以下但没有稳定降到3%以下；只有22个国家完成了从贫困发生率10%到3%以下的跳跃，但多数也都耗费10年以上的时间（表9）。在这22个国家中，只有中国和泰国、蒙古、智利、伊朗、摩尔多瓦、白俄罗斯、乌克兰8个国家，贫困发生率降低到1%以下。这22个国家中大多数都是经济转型国家，他们在历史上就曾经基本消除过绝对贫困，如白俄罗斯在1988年贫困发生率就曾经降到1%以下，

因此难度与中国有很大的不同。与其他国家尤其是大国相比,中国短时间内实现了基本消除每人每天1.9美元购买力平价标准下的绝对贫困,是继大规模减贫之后取得的又一巨大奇迹。

表8 部分发达国家贫困发生率从10%降低到3%以下的时间

(按2005年购买力平价1天1美元标准)

	贫困发生率达到10%时间	贫困发生率降到3%以下时间	花费时间（年）
澳大利亚、加拿大、新西兰	1900	1970	70
美国	1920	1980	60
意大利	1955	1990	35
日本	1960	1970	10
英国、爱尔兰	1940	1970	30
德国	1910	1960	50

数据来源：FRANC, OIS BOURGUIGNON AND CHRISTIAN MORRISSON: "Inequality Among World Citizens: 1820 – 1992", *American Economic Review*. September, 2002.

表9 部分发展中国家贫困发生率从10%降低到3%以下的时间

(按2011年购买力平价1天1.9美元标准)

	贫困发生率稳定达到10%时间	贫困发生率降到3%以下时间	中间花费时间（年）	贫困发生率降到1%时间
中国	2011	2013	2	2015
泰国	1990	1996	6	2004
蒙古	2002	2007	5	2010
哥斯达黎加	1990	2007	17	
亚美尼亚	2004	2008	4	
斯里兰卡	1990	2009	19	

续表

	贫困发生率稳定达到10%时间	贫困发生率降到3%以下时间	中间花费时间（年）	贫困发生率降到1%时间
不丹	2007	2012	5	
柬埔寨	2008	2013	5	
吉尔吉斯	1988	2013	25	
智利	1987	2003	16	2013
伊朗	1986	1998	12	2009
突尼斯	1990	2010	20	
摩尔多瓦	1988	2006	18	2010
阿根廷	1986	2010	24	
牙买加	1988	1999	11	
哈萨克斯坦	1988	2005	17	
伊萨尔瓦多	2004	2014	10	
白俄罗斯	1988	2002	14	2004
多米尼加	1992	2010	18	
乌克兰	1988	2002	14	2003
罗马尼亚	1989	2013	24	
巴拉圭	1990	2013	23	

数据来源：作者根据 world Development Indicators 国别贫困数据计算。

中国之所以能够在短时间内将贫困发生率降低到1%以下（世界银行统计按每人每天1.9美元标准，中国2015年贫困发生率为0.73%），主要是由于中国依托自身的政治优势和制度优势，实行了精准扶贫的方略。即：通过精准识别找准扶贫对象和致贫原因，通过精准帮扶因户施策提供脱贫所需帮助，通过资源动员和整合确保脱贫所需的资源，并通过精准退出确保退出质量。

9. 促进了贫困村集体经济发展

脱贫攻坚以来,中国各地在探索使用中央和地方财政扶贫资金和金融扶贫资金开展产业或就业精准扶贫的过程中,试验和形成了多种以贫困村集体(村委会、村经济合作社)作为产权或债权主体达到扶贫效益到户的方式。这样一方面破解了生产性财政资金不能直接分配到户以及扶贫小额贷款不能户贷企用的难题,另一方面也间接使大量的"空壳"贫困村逐渐积累和掌握了一定数量的集体资产或收益,促进了贫困村集体经济的发展。

目前全国已经形成规模的通过产业和就业扶贫促进贫困村集体经济发展的领域,主要有光伏扶贫、扶贫车间、村企合作的产业扶贫等。(1)光伏扶贫。全国已经建成了3万多个村级扶贫光伏电站,村级光伏扶贫电站单体规模300千瓦左右(最大可到500千瓦),惠及近200万贫困户。建成后可以在20年内每年为每个贫困村形成3万至5万元的集体收入。(2)扶贫车间。为了解决贫困劳动力就近就业的困难,在贫困村建设或改造厂房,引入劳动密集型产业或部分生产工序,全国建设了3万多个扶贫车间,带动77万贫困人口就业,同时也使所在的贫困村积累下一定的集体资产和收益。如山东菏泽市自2015年以来，结合新时期发展环境和减贫需求，创造性地试验并推广了"扶贫车间"就业扶贫模式，到 2019 年 9 月底，全市共建成扶贫车间 3620 个，其中产权归村集体的 3332 个，安排车间内务工人员 49159 人，其中建档立卡贫困人口 9172 人。"扶贫车间"，有效带动了贫困人口脱贫增收，激发了贫困人口的主观能动性，实现了区域发展与脱贫攻坚的有机结合，促进了地方经济社会发展面貌的改善和基层治理能力提升。（3）利用金融支持的产业扶贫。由于贫困农户经营能力和技术水平等方面的限制，贫困户在短期内使用大量扶贫贷款创业增收很困难，各地在实践中探索出由村经济合作社（贫困户为主）申请贷款，再与有实力的经济实体合作发展扶贫产业的方式。这种或类似的方式已在全国多数贫困县推广，成为贫困户增收脱贫的重要收入来源。虽然目前还没有公开的准确统计数据，估计有数万个贫困村通过这种方式一方面增加了贫困户的收入，另一方面也促进了贫困村集体经济的发展。上述几种扶贫方式，通过引入村集体（合作社）参加，既解决了资金扶贫到户的难题，也促进了贫困村集体经济的发展，探索出了扶贫资金持续使用和管理的实现方式。当然，也提出了如何加强对集体资产和收益分配关键和监督的问题。

10. 倒逼生态环境管护和农村公共基础设施管护机制创新

为不能外出就业的贫困户劳动力设立公益岗位来增加就业和收入，是中国脱贫攻坚期间探索出的一种新型扶贫方式。公益岗位扶贫，是一种类似以工代赈的制度安排。其实质是政府或者集体购买具有公益性质的就业岗位，按一定的工资标准提供给扶贫对象，一方面解决相关公益领域的发展和管理欠账问题，另一方面增加扶贫对象的就业和收入，促进脱贫。

近几年中国贫困地区已为数百万建档立卡扶贫对象[①]提供了公益岗位，公益岗位的类型涉及生态公益岗位（生态护林员、草原管理员、护林绿化、保护地管理、地质灾害监测等）、基础设施维护公益岗位（乡村道路维护、公益性水利工程巡管等）、社会性公益岗位（禁毒防艾计生宣传监管员、孤寡老人和儿童看护员等）、边防和社区安全公益岗位（巡边员、社会治安协管员等）等。

公益岗位扶贫，虽然目前仍属于临时性的扶贫措施，但是却内含着可持续的内在因素。其一，扶贫公益岗位是基于贫困地区发展的内在需求，可以解决中国农村发展中长期滞后或被抑制的部分问题。例如，让部分扶贫对象担

---

① 关于全国扶贫公益岗位的准确数据目前尚不得而知，仅从部分省公开的数据来看，全国扶贫公益岗位总数应该超过 200 万。

任森林和草原的防护员，一方面可以改善森林和草原的管理，提高生态质量，另一方面也可以增强农牧民对其生活区域资源的拥有感，同时也能增加扶贫对象的收入，实现脱贫。与此类似的是农村道路、水利设施管护、村庄卫生等服务，长期以来，一直缺乏稳定的制度和政策保障，导致农村道路、水利设施使用寿命缩短，村庄垃圾遍地，生活环境差。聘请具有劳动能力的扶贫对象担任村庄的护路工、管水员、环卫工，就可以在一定程度上解决前述问题。其二，公益岗位扶贫，可以在一定程度上矫正某些不恰当的发展政策和利益分配格局。中国部分贫困地区，地处中国重要的生态屏障、生态功能区或重要河流的上游，多数是生态功能保护区。长期以来，生活在这些地区的农民，为保护国家的生态环境做出了重大的牺牲和难以估计的贡献。但是，现有生态补偿政策和力度远远不能全部补偿受影响区域内的农民的牺牲和贡献，而大规模提高生态补偿标准目前仍存在比较大的困难。通过提供生态公益岗位，增加部分受影响农民的收入，可以部分调整生态补偿政策的不足。另外，中国部分贫困地区地处国家边界附近，承担着护边的重要作用，他们不能随便迁移到其他生产生活条件更便利的地区。但是由于自然条件等方面的限制，基础设施建设和公共服务比较落后，发展机会较少。为部分居住在边境地区的深度贫困人群提供护边等公益岗位，可以增加他们的收入，鼓励和支持他们更安心地投入到护边防边的神圣事业中。其三，公益岗位扶贫，本质上带有生产性扶贫的性质，是以扶贫对象的劳动和努力付出为前提的。公益岗位扶贫可以避免对有劳动能力扶贫对象直接提供社会保障等转移支付（低保）形成受益人对扶贫政策的依赖心理。相反，公益岗位扶贫受益人，通过参加具有公益效果的劳动或服务，是通过劳动脱贫，可以让他们感觉到自己对社会的作用与贡献，可以逐步增强给他们依靠自己努力脱贫致富的信心，激发内生动力。其四，公益岗位扶贫，还可以作为实现易地搬迁扶贫等其他扶贫方式的配套和辅助的手段。

虽然公益岗位扶贫具有上述重要的作用，但是目前只是一种临时性的扶贫措施，多数扶贫公益岗位设定和聘用合同都只有1年最多3年的时限。一些地方正在探索将这种临时性的扶贫公益岗位转变为生态环境管护和农村公共基础设施管护等的常态安排，这将倒逼基层生态环境管护和农村公共基础设施管护机制的调整和创新，为破解中国农村生态环境管护和公共基础设施管护长期存在的弊端闯出新路。

11. 巩固了中国共产党在农村的执政基础、为国家培养了干部

脱贫攻坚以来，中国有300多万县以上党政机关、国有企事业单位的干部到贫困村担任第一书记和

驻村干部，他们与当地干部群众同吃同住同劳动，既加强了基层基础工作，帮助解决了中国扶贫工作和政策的落地难题，增强了农村基层党组织凝聚力和战斗力，提高了农村基层治理能力和管理水平；又了解了国情民情，转变了工作作风，提高了做群众工作和处理复杂问题的能力，为国家培养了干部，使其成为党和国家的宝贵财富。据统计，党的十九大以来，全国4万多名工作出色、表现优秀的驻村干部得到提拔重用。

（三）中国对全球贫困人口减少和福祉提高的贡献

1. 中国对全球贫困人口减少的贡献

按照2011年购买力平价1天1.9美元的贫困标准，1981年至2015年全球贫困人口减少了11.69亿（61.35%），同期中国贫困人口减少了8.65亿（表10）。在这期间中国减少的贫困人口占到全球减少全部贫困人口的74%。换言之，如果没有中国在这34年间减贫取得的巨大成就，全球贫困人口的数量要比实际的多74%。

表 10　　　　　　　中国对全球 1981—2012 年贫困人口

(2011 年购买力平价每天 1.9 美元) 减少的贡献

		世界	中国
贫困人口（万人）	1981	199728	87780
	1990	195857	75581
	1999	175145	50786
	2010	111975	14956
	2012	89670	8734
	2015	7366.5	1001
1990—2015 年贫困人口减少（万人）		116265	74171
中国贡献率（%）		63.8	
1981—2015 年贫困人口减少（万人）		116931	86531
中国贡献率（%）		74.00	

资料来源：作者根据世界银行数据计算，http://iresearch.worldbank.org/PovcalNet/index.htm?2。

1990 年至 2015 年，全球贫困人口减少了 61.2%，超计划完成了千年发展目标确定的极贫人口减半的目标，还比计划预定时间提前了 3 年。在 1990—2015 年全球减少的贫困人口中，中国贡献了 63.8%。不包括中国在内，其他国家在 1990—2015 年只减少了其 1990 年贫困人口的 36.7%。也就是说，没有中国的突出贡献，千年发展目标就不可能完成其最重要的极贫人口减半的目标。因此，在这个意义上说，中国对于推进人类反贫困事业进步和千年发展目标实现，起了举足轻重的作用。

2. 中国对全球人类福祉提高的贡献

除了减少贫困人口以外，中国在改善全球人类发展其他一些重要方面，也做出了杰出的贡献。下面从人类发展指数、饮水安全和出生时期望寿命3个方面，①分析中国对全球人类发展的贡献。

（1）中国对人类发展指数值提高的贡献

中国的人类发展指数（HDI）在1990年为0.501，到2014年提高到0.728，提高了0.227（45%）（表11）。同期使用国家人口加权全球平均人类发展指数，②提高了0.14（25%）；如果不包括中国在内，全球其他国家平均人类发展指数，在此期间提高了0.114（20%）。中国对全球人类发展指数在1990—2014年期间的提高所做的贡献为18.3%。如果没有中国的贡献，2014年全球人类发展指数还处于2012年前的实际水平。据此推断，由于中国的贡献，全球人类发展指数提前了2年多达到了2014年的水平。

表11　　中国对全球人类发展指数提高的贡献

	1990	1995	2000	2005	2010	2012	2014
全部有数据国家平均 HDI	0.560	0.586	0.614	0.648	0.684	0.694	0.700
不包括中国其他有数据国家平均 HDI	0.579	0.598	0.622	0.650	0.679	0.688	0.692
中国 HDI	0.501	0.545	0.588	0.641	0.699	0.718	0.728

---

① 之所以选择这3个方面，一是由于它们是人类发展的重要方面，二是由于缺乏各国分年龄组和性别资料无法分析诸如儿童和孕产妇死亡率等重要指标，而这些指标都可以用国家人口总量加权。

② 只有143个国家具有完整的人类发展指数和人口资料，此计算结果只包括有完整资料的143个国家。

续表

	1990	1995	2000	2005	2010	2012	2014
1990—2014 年全球 HDI 提高	0.139							
1990—2014 年不包括中国全球 HDI 提高	0.114							
中国对 1990—2014 年 HDI 提高贡献率（%）	18.3%							

数据来源：作者根据联合国开发计划署 HDR 资料（http：//hdr.undp.org/en/data）计算，包括 143 个具有完整资料的国家，这些国家的总人口占世界总人口的 93%。

（2）中国对全球使用改良的饮用水源人口比例提高的贡献

饮用改良的饮用水源[①]的水，是人类健康生存的一个基本要求。中国政府高度重视居民的饮水安全问题，过去 20 年中央和地方政府投入超过 3000 亿元用于农村饮水安全工程建设，使 93% 的农村人口可以饮用改良水源的水，比 1990 年提高了 37 个百分点。主要由于农村饮水安全问题的解决，到 2014 年中国 95% 的人口可饮用改良水源的水。这个比例比全球平均水平高 4.4 个百分点。中国在饮水安全方面所做出的巨大努力，不仅显著改善了本国居民的安全饮水问题，也加速了全球饮水安全问题解决的进程。中国使全球使用改良的饮用水源人口比例在 1990—2014 年间多增加了 4.23 个百分点，也就是说，中

---

① 世界卫生组织和联合国儿基会（UNICEF）为千年发展目标监测定义的改良的饮用水源包括：管道供水、管井、有保护的井水和泉水、收集的雨水和瓶装水。

国贡献了 1990—2014 年全球使用改良的饮用水源人口增量的 45.6%（表12）。

表12 中国对 1990—2014 年全球使用改良的饮用水源人口增加的贡献

指标	1990	2000	2010	2014
全球实际使用改良的饮用水源人口比例（%）	77.2	83.3	88.8	90.6
不包括中国全球实际使用改良的饮用水源人口比例（%）	80.3	84.3	88.2	89.5
中国使用改良的饮用水源人口比例（%）	67	80	91	95
中国农村使用改良的饮用水源人口比例（%）	56	71	87	93
1990—2014 年全球使用改良的饮用水源人口比例平均增加（百分点）	13.49			
不包括中国全球使用改良的饮用水源人口比例增加（百分点）	9.26			
中国的贡献（百分点）	4.23			
中国的贡献（%）	45.6			

资料来源：作者利用 http://mdgs.un.org/unsd/mdg/Data.aspx 资料计算。数据包括159个资料完整的国家（占世界总人口的93.8%），全球平均数利用国家人口数加权。

（3）中国对人类健康水平提高的贡献

中国从20世纪60年代开始，通过普及农村合作医疗，并借助深入民间的传统医疗知识和药物的帮助等，使其国民的健康水平一直高于其经济发展所处的位置。1990年中国人均GDP在全球181个国家中排名第112位，而人口出生时期望寿命和5岁以下儿童死亡率分别排第58位和第72位，分别比人均GDP排名高出54位和40位。1981年中国人口普查统计人口出生时期望寿命达到 67.9 岁、婴儿死亡率为 34.7‰,[①] 大体相当于 2000 年多数发展中国家的水平。即使与经济发达国家相比,中国健康水平的相对超前性也同样明显。中国 2013 年的人口出生时期望寿命为 75.6 岁,与美、英、德 1990 年的水平相当,但按 2011 年购买力平价计算,中国在 2013 年人均 GDP 仅分别为美、英、德 1990 年人均 GDP 的 31%、43% 和 36%。从可比数据来看,中国人口出生时期望寿命 1990 年为 69 岁,比全球平均水平高 3.6 岁;到 2014 年中国人口出生时期望寿命提高到 75.8 岁,比全球平均水平高 4.3 岁。中国在提高人口期望寿命方面的努力,使全球平均的人口期望寿命多了 1 岁(表 13)。

表 13　　　　　　　　中国对全球人口健康的贡献

	1990	2000	2010	2014
中国人口出生时期望寿命（岁）	69	71.7	75	75.8
全球人口实际平均出生时期望寿命（岁）	65.4	67.6	70.5	71.5
不包括中国全球人口平均出生时期望寿命（岁）	64.3	66.5	69.4	70.5
中国对全球期望寿命的贡献（岁）	1.1	1.1	1.1	1
中国 5 岁以下儿童死亡率（‰）	53.9	36.9	15.8	12.7
全球实际 5 岁以下儿童死亡率（‰）	74.0	57.1	38.0	33.9
不包括中国全球 5 岁以下儿童死亡率（‰）	79.7	62.6	43.5	39.0
中国对 5 岁以下儿童死亡率的贡献（%）	7.8	9.6	14.6	15.3

资料来源:作者利用 http://mdgs.un.org/unsd/mdg/Data.aspx 资料计算。期望寿命数据包括 181 个国家(占世界总人口的 97.9%);5 岁以下儿童死亡率包括 184 个国家(在期望寿命数据包含国家外增加了阿根廷、古巴和叙利亚),由于没有 5 岁以下儿童人口资料,直接使用国家总人口加权,这会导致结果出现一定的偏差。

---

① 国家卫生和计划生育委员会编:《中国卫生和计划生育统计年鉴(2013)》,中国协和医科大学出版社 2013 年版。

中国5岁以下儿童死亡率,1990年以来一直比全球平均水平[①]低2个百分点。由于中国在降低5岁以下儿童死亡率方面取得的进步,全球平均5岁以下儿童死亡率得以多降低5个千分点,中国对全球平均5岁以下儿童死亡率减少的贡献率在10%左右,1990年中国的贡献率为7.8%,到2014年中国的贡献率提高到15.3%。

　　综合上述分析,可以清楚看出中国在减少全球贫困人口、改善包括安全饮水、居民健康水平在内的人类生活质量方面为人类福祉改善和全球人权进步,做出了卓越的贡献。

[①] 由于没有5岁以下儿童人口资料,计算全球平均5岁以下儿童死亡率时使用国家总人口加权。由于各国的人口年龄结构差异,世界各国5岁以下儿童人数占比存在差异,由此计算出的全球平均5岁以下儿童死亡率肯定存在一定的偏差。但是总体上,占世界总人口较大比例的发展中国家5岁以下儿童占比高于世界平均水平,根据各国总人口加权的5岁以下人口死亡率可能存在一定的低估,这不影响本报告的判断和结论。

参考文献

《"搬"出贫困，"贷"动生机——中国农业发展银行成为支持易地扶贫搬迁主力银行》，http://www.banyuetan.org/fpxf/detail/20180813/1000200033137861533468873838897427_1.html。

《国家旅游局发布〈全国乡村旅游扶贫观测报告〉》，《中国旅游报》2016年8月18日。

《国开行精准扶贫贷款累计发放近5000亿元》，新华网，2017年10月23日，http://news.xinhuanet.com/money/2017-10/23/c_129725160.htm。

《银保监会普惠金融部主任李均锋：打造扶贫小额信贷"金字招牌"》，《中国银行保险报》2020年6月9日。

东北师范大学中国农村教育发展研究院：《〈乡村教师支持计划（2015—2020年）〉实施评估报告》，2017年9月15日。

国家统计局，http：//data.stats.gov.cn/easyquery.htm?cn = C01。

国家统计局：《中国农村统计年鉴（1999）》，中国统计出版社 1999 年版。

国家统计局：《中国农村住户调查年鉴（2000）》，中国统计出版社 2000 年版。

国家统计局：《中国农民生活的巨大变化》，中国统计出版社 1984 年版。

国家统计局人口和社会科技统计司、劳动和社会保障部财务司：《中国劳动统计年鉴（2003）》，中国统计出版社 2003 年版。

国家统计局住户调查办公室：《2019 年全国农村贫困监测调查主要结果》，内部报告。

国家统计局住户调查办公室：《中国农村贫困监测报告（2015）》，中国统计出版社 2015 年版。

国家统计局住户调查办公室：《中国农村贫困监测报告（2019）》，中国统计出版社 2019 年版。

国家卫生和计划生育委员会编：《中国卫生和计划生育统计年鉴（2013）》，中国协和医科大学出版社 2013 年版。

国务院扶贫开发领导小组办公室编：《中国农村扶贫开发概要》，中国财政经济出版社 2003 年版。

国务院贫困地区经济开发领导小组办公室：《中国贫困

地区经济开发概要》，农业出版社1989年版。

刘永富：《国务院关于脱贫攻坚工作情况的报告——在第十二届全国人民代表大会常务委员会第二十九次会议上》，2017年8月29日，中国人大网，http：//www.npc.gov.cn/npc/xinwen/2017-08/29/content_2027584.htm。

罗楚亮：《农村贫困的动态变化》，《经济研究》2010年第5期。

民政部：《2010年12月份全国县以上农村低保情况》，http：//files2.mca.gov.cn/cws/201107/20110711152301813.htm。

孙雪东：《用好用活规划政策全力助推脱贫攻坚》，http：//www.mlr.gov.cn/wszb/2017/fpydzclt/zhibozhaiyao/201710/t20171009_1609219.htm。

吴国宝、关冰、谭清香：《"多予少取"政策对贫困地区农民增收和减贫的直接影响》，国家统计局农村社会经济调查司：《中国农村贫困监测报告（2010）》，中国统计出版社2011年版。

吴国宝、汪同山、李小云：《中国式扶贫：战略调整正当其时》，《人民论坛》2010年第1期。

吴国宝：《创新扶贫治理体系 推动精准扶贫迈上新台阶》，光明网—理论频道，2016年9月9日，http：//theory.gmw.cn/2016-09/09/content_21904122.htm。

吴国宝：《中国农村现行扶贫开发方式有效性讨论》，《中国党政干部论坛》2008年第5期。

张晓山、李周主编：《中国农村发展道路》，经济管理出版社2014年版。

周彬彬：《中国人民公社时期的贫困问题》，《经济开发论坛》1993年第6期。

Coady, D., M. Grosh & J. Hoddinott（2004），"Targeting of transfers in developing countries: Review of lessons and experience", Washington, D. C. : The World Bank.

Coady, D., M. Grosh & J. Hoddinott（2004），"Targeting of transfers in developing countries: Review of lessons and experience", Washington, D. C. : The World Bank.

Dirk J. Bezemer: "Poverty in Transition Countries", Journal of Economics and Business, 2006 No. 1. PovcalNet: the online tool for poverty measurement developed by the Development Research Group of the World Bank, http://iresearch.worldbank.org/PovcalNet/index.htm? 1.

Martin Ravallion and Shaohua Chen: "China's (Uneven) Progress Against Poverty", WPS 3408, World Bank.

吴国宝，博士，中国社会科学院农村发展研究所研究员，中国社会科学院贫困问题研究中心主任，主要研究领域是扶贫、小额信贷、农村发展和农民福祉。